探寻海洋的秘密丛书

海洋战争

谢宇 主编

花山文艺出版社

河北·石家庄

图书在版编目（CIP）数据

海洋战争 / 谢宇主编. -- 石家庄：花山文艺出版社，2013.4（2022.3重印）
（探寻海洋的秘密丛书）
ISBN 978-7-5511-1144-7

Ⅰ.①海… Ⅱ.①谢… Ⅲ.①海战－战争史－世界－青年读物②海战－战争史－世界－少年读物 Ⅳ.①E19-49

中国版本图书馆CIP数据核字(2013)第128632号

丛 书 名：	探寻海洋的秘密丛书
书 名：	海洋战争
主 编：	谢 宇
责任编辑：	梁东方
封面设计：	慧敏书装
美术编辑：	胡彤亮
出版发行：	花山文艺出版社（邮政编码：050061）
	（河北省石家庄市友谊北大街 330号）
销售热线：	0311-88643221
传 真：	0311-88643234
印 刷：	北京一鑫印务有限责任公司
经 销：	新华书店
开 本：	880×1230 1/16
印 张：	10
字 数：	160千字
版 次：	2013年7月第1版
	2022年3月第2次印刷
书 号：	ISBN 978-7-5511-1144-7
定 价：	38.00元

（版权所有 翻印必究·印装有误 负责调换）

目 录

中国最早的海战 …………………………………… 1
以弱胜强的西西里海战 …………………………… 4
羊河海战 …………………………………………… 7
划时代的勒班陀海战 ……………………………… 10
无敌舰队的覆灭 …………………………………… 14
抗日露梁海战 ……………………………………… 17
英荷争夺海上霸权 ………………………………… 20
英荷、法荷海战 …………………………………… 23
英法七年海上争夺战 ……………………………… 26
特拉法尔加大海战 ………………………………… 36
俄国、土耳其阿索斯海战 ………………………… 40
中日甲午海战 ……………………………………… 44
俄国太平洋舰队的覆灭 …………………………… 52
日俄对马海战 ……………………………………… 61
美西海战 …………………………………………… 68
英德罗内尔海战 …………………………………… 81
达达尼尔海战 ……………………………………… 84
最大的两栖进攻战役 ……………………………… 88
日德兰海战 ………………………………………… 93
日军偷袭珍珠港 …………………………………… 105

四战瓜哇海…………………………………………111
美日中途岛海战……………………………………118
诺曼底登陆…………………………………………129
冰山作战与天号作战………………………………135
仁川登陆……………………………………………141
南海西沙自卫反击战………………………………146
英阿马岛海战………………………………………152

中国最早的海战

公元前485年，吴、齐两诸侯国在黄海发生了一场海战，这是中国历史上有文字记载的最早一次海战。

中国是个历史悠久的文明古国。远在2500多年前的春秋末期，随着造船业和航海技术的发展以及诸侯争霸战争的需要，中国古代海军就应运而生了。当时长江中游的楚国，长江下游、太湖流域的吴国，杭州湾沿岸、钱塘江流域的越国，济水流域、山东半岛的齐国四个沿江沿海国家的舟师即海军最为强大。吴国的舟师是按陆军车战方式设置的，其战舰分为大翼、小翼、突冒、楼船和桥船。大翼

像陆军的重车，小翼像轻车，突冒像冲车，楼船像行楼车，行船像轻足骠骑。突冒带有可撞击敌船的冲角。这些不同类型、不同用途的战船组成的舟师，简直就像今天由各种舰只组成的混合舰队。越国的舟师配有戈船和楼船，戈船善于接舷格杀，楼船可居高临下攻击，一些国家还有先登、飞鸟、仓隼、太白等战船，有的还在海上训练水军战士或进行海战演习。

这时，在波澜壮阔的黄海上，舟师所使用的武器，除沿用陆军的刀矛弩矢外，已有了专门用于水战海战的长钩矛、长斧等兵器了。我国著名发明家公输般还特别为楚国设计和创制了一种水战利器，称做"钩拒"，敌舰进攻时，可以用它阻挡敌船；敌人退却时，可以用它钩住敌船。在相互进行水战和海战时，各国派出的舰队均有"舰队司令"。"舰队司令"还有"旗舰""旗舰"还有命名。这说明我国最早的舟师已达到相当

高的水平。

当时的吴国,拥有今上海、江苏的大部分及安徽、浙江的一部分地区,建都于吴(今苏州市)。齐国位于今胶东半岛,西起黄河,东临大海,北接无棣水(今河北盐山以南),南至泰山。后起的吴国凭着强盛的国力,在击败西边的楚国和南面的越国等强敌后,又把进攻的矛头指向了北方的齐国。

公元前494年,吴王夫差决心北上。公元前486年,夫差派遣军民开挖从江都到淮安长达185千米的运河——邗沟,为攻齐作准备。

公元前485年,齐景公被人害死,国内出现混乱。早就等待时机的吴王夫差心中暗喜。他联合鲁、邾、郯三国共同出兵攻击齐国。吴王命令徐承担任舰队统帅,率领吴国舟师驶出长江口,浩浩荡荡地去攻打齐国。

齐国素有"海王之国"的称号。听说吴国舟师前来进攻,立刻命令舟师沿着海岸往南,去挡住吴国舟师。

于是,两国水师在黄海海面上相遇,一场你死我活的海战开始了。

齐国的战船上,士兵们拼尽全力划着船桨,许多士兵朝着吴国战船拼命射箭。吴国战船上的士兵也以牙还牙,射出一支支飞箭。一时间,海面上杀声震天,箭矢飞舞。船队距离越来越近,齐国拼命还击,有两艘船头包有铁皮的快船,朝着吴国战船猛撞过去。立刻,有两艘吴国船损坏沉没。

这场海战一直拼杀到天黑。吴国舟师从很远的长江口赶到黄海,将士们已经很劳累了,跟齐国拼了这么长的时间,越来越招架不住了。吴国舟师统帅徐承见势不妙,连忙鸣鼓收兵。齐国取得了海战的胜利。

次年,吴国再次联合鲁国,讨伐齐国。在艾陵(今山东泰安市附近)双方展开激战,齐军被击败,吴鲁联军获胜。以后,鲁、卫、宋等国归顺吴国,吴国势力更为强盛。

探寻海洋的秘密丛书

以弱胜强的西西里海战

公元前431年3月，希腊内部的矛盾激化，伯罗奔尼撒同盟对抗雅典扩张和霸权的伯罗奔尼撒战争爆发。在这场为期27年的战争中，西西里海战是重要的一次战役。交战一方的叙拉古海军，创造了用小型舰船袭击雅典舰船桨手的新战法，并取得了空前成功。

公元前416年，西西里岛的雅典盟邦塞杰斯塔与邻国塞利努斯交恶，请求雅典出兵支援。公元前415年夏，以雅典为首的提洛同盟共集结

了136艘三列桨战舰和后勤补给舰、5100名重装步兵和1200名轻装步兵以及26000名桨手，远征西西里。当时雅典的海军已很强大，仅雅典一国的三列桨战舰就有100多艘，但由于决策失误，指挥不当，这次远征却以失败而告终。

雅典舰队在进军途中，雅典政府却传令远征军三统帅之一的亚西比德回国受审，迫使亚西比德弃舰而逃，投奔了斯巴达。雅典法庭恼羞成怒，将亚西比德缺席判处死刑。亚西比德干脆把远征舰队的目的向斯巴达人和盘托出，并极力劝说斯巴达人从海上派舰队出兵援助西西里。

公元前414年春，雅典军队发起了进攻，从海、陆两个方面包围了叙拉古(今锡拉库萨)。激战中，雅典远征军三统帅之一的拉马科斯阵亡，斯巴达的援军由吉利普斯率领抵达西西里，进入叙拉古；科林斯的舰队也突破雅典海上封锁，进入叙拉古港。雅典远征军的唯一统帅尼西亚斯也发生了动摇。但雅典政府坚持要把战争进行下去，他们又派出了73艘三列桨战舰和5000名重装步兵等，由德谟斯提尼和攸利密顿统率，前往支援。同时，斯巴达也派出1000名重装步兵赶赴西西里。

叙拉古有一支80艘战舰组成的海军，叙拉古将军赫摩克拉底鼓励海军将士破除对雅典海军的迷信，敢于与其作战。他分析了雅典人的战术，并制定了对付的方法。针对雅典战舰船头轻，其战术经常是先冲破敌编队的队列，然后环绕敌舰航行，伺机撞击敌舰薄弱的舰尾和舷侧的特点，他们大力改装自己的舰首，减少其长度，加强厚度，以便在迎面冲撞时可先戳穿敌舰首部。为了达成对雅典海军的突然袭击，叙拉古海军乘雅典海军开饭之时，排着严整的队形杀将过去。交战时，雅典海军还采用老战术，而叙拉古舰队则以大舰与之周旋，用加厚的坚硬船头猛烈撞击敌舰，并放出大批小舰船贴着敌舰舷航行，向对手投出一支支锐利的标枪。雅典战舰很快被撞毁了六七艘，桨手伤亡惨重，于是急忙回撤，不敢再战。雅典海军不可战胜的神话被打破了，叙拉古海军的信心更强了。

正在此时，德谟斯提尼指挥雅典援军赶到，他主张速战速决，主动向敌军发起夜间攻击，但因叙拉古人的顽强抵抗而未奏效。德谟斯提尼权衡利弊后提出，趁海湾仍控制在自己手上，抓紧退兵，从海上撤走。但是，主帅尼西亚斯不同意就这样无功而返。正在犹豫不决时，忽然又得到伯罗奔尼撒同盟派来新的增援的消息，这样雅典人在数量上的优势也丧失殆尽。尼西亚斯只好无奈地决定从海上撤退。

公元前413年8月27日夜，发生了月食现象，许多雅典士兵认为这是巨大灾难的征兆。一向敬神信命、胆小怕事的尼西亚斯立即下令停止返航，于是撤军之事又延误下来，这就使雅典舰队失去了最后的逃生机会。

伯罗奔尼撒人和叙拉古人加紧了行动，向雅典军队展开海、陆进攻，实行全面合围。9月23日，雅典的86艘战舰同叙拉古的76艘战舰在港湾内发生激战，雅典又败，将领攸利密顿战死。叙拉古舰船在港湾出口处列阵部署，将海湾的出口完全封锁。

困在港湾的雅典舰队集中剩余的110艘战舰，孤注一掷。尼西亚斯提出战术：针对叙拉古人的密集队形，用铁钩拉紧敌舰，利用众多的陆战人员冲上敌舰展开肉搏，直到把敌舰上的重装兵肃清。

严阵以待的叙拉古舰队由吉利普斯指挥，他已获悉了雅典舰队的战术，并决心利用港湾狭窄的有利条件作战。他调整了兵力部署，留下一部分舰船堵住出口，令其他舰船四面冲击敌舰。

一场生死搏斗在港湾展开了。雅典舰队向前直冲，而叙拉古的100多艘战舰则从四面围攻，全力阻击。双方搅成一团。战斗持续了很长时间，雅典人终于未能顶住，只好向岸边撤退。德谟斯提尼发现自己还有60余艘战舰，而对方所剩战舰还不足50艘，于是他提出殊死一战，建议再次组织突围，在黎明前打破封锁，冲出港湾。尼西亚斯再次表现了他的软弱和失误，最终决定弃舰从陆上撤退，从而失去了最后一次可能求生的机会。结果，雅典军队7000余人被俘，尼西亚斯和德谟斯提尼被叙拉古人处决。这样悲惨的结局的主要原因是雅典远征军指挥的失误。

雅典舰队远征西西里的失败，是伯罗奔尼撒战争的重要转折。此后，古希腊再未能成为一个政治强国。

羊河海战

公元前413年，雅典舰队在西西里惨败后，实行全民动员，大造战舰，迅速组建起一支新的海军。他的对手斯巴达人也认识到，没有强大的舰队就不可能彻底打败雅典人。于是，双方展开了紧张的军备竞赛。到公元前412年，双方都完成了造舰计划。斯巴达人向小亚细亚派出舰队，以夺取赫勒斯滂海峡（今达达尼尔海峡），切断雅典通往黑海沿岸的运粮航线。雅典也派出一支舰队到小亚细亚附近的萨摩斯岛集结，决心夺回海上霸权，双方在爱琴海上摆开了决战的态势。

此时因雅典发生政变，原海军统帅亚西比德便主动要求为他平反，回来任职。亚西比德的要求得到了满足，他被选为将军，掌握了雅典军队

的实际最高指挥权。公元前411年,他指挥雅典海军在赫勒斯滂海峡附近的阿拜多斯,以76艘战舰对斯巴达的86艘战舰打了一次胜仗,一举俘获敌舰21艘。次年,亚西比德再接再厉,在马尔马拉海击沉和缴获斯巴达舰船60余艘,斯巴达海军统帅明达鲁斯亦阵亡;赫勒斯滂海峡的控制权又回到雅典人手中。

公元前407年,来山得接管斯巴达海军舰队指挥权。足智多谋的来山得懂得,要彻底战胜雅典,必须建立强大的海军。他上台伊始,就设法从波斯获得一笔资金,迅速建造了100艘三列桨战舰。同时,他还大大提高了桨手的佣金,使受雇于雅典舰队的桨手纷纷转而奔向斯巴达。手中无钱的亚西比德只能干着急;情急之下他让副手主持军务,自己跑去筹款。来山得乘机向雅典发起攻击。他先率领舰队假装撤离,然后星夜北上,突然袭击了驻泊在诺丁姆海角的雅典舰队,一举摧毁了15艘战舰,亚西比德因此而下台。

公元前406年,来山得因任期届满回国。新帅卡利克拉提达斯上任后,主动向驻扎在萨摩斯岛的雅典海军发起攻击,一举击沉敌舰30艘,迫使雅典舰队溃退到莱斯沃斯岛的米蒂利尼。接着他又指挥斯巴达舰队乘胜前进,把雅典舰队全部封锁在莱斯沃斯岛的米蒂利尼港内。雅典采取了一切措施加强舰队,又向前线派去了150艘战舰。卡利克拉提达斯留下50艘战舰继续封锁海港,自己率120余艘战舰迎击雅典增援战舰,结果大败,70余艘战舰被击沉,卡利克拉提达斯也阵亡。雅典方面只损失了25艘战舰。但昏庸的雅典政府却以未收拾己方尸体和落水将士为罪名起诉指挥海战的将军,并将其中八位将军处以死刑,这样,打了胜仗的雅典海军的力量反而被削弱了。

虽然斯巴达法律规定一个人不能两次担任海军统帅,但为了胜利,斯巴达人却敢于违反祖宗教规,让来山得再次出山。

公元前405年夏,来山得率舰队以迅雷不及掩耳之势,拿下了位于赫勒斯滂海峡沿岸的拉姆普萨科城,切断了雅典的运粮航线。雅典立即派新任海军统帅的科侬率领舰队的全部180艘战舰火速赶往羊河(即伊哥斯波塔米河)口外的赫勒斯滂海峡,与斯巴达舰队决战。老谋深算的来山得决意先避其锐气，退避三舍，伺机再战。

交战第一天，雅典战舰便排成密集队形冲杀过来，来山得严令斯巴达战舰不得与之交锋。雅典舰队经过一天的挑战谩骂，毫无效果，只得返回羊河口。四天中，雅典人天天叫骂，斯巴达人却高挂免战牌，就是不出阵。雅典舰队渐生倦意，认为来山得也只不过如此，骄傲轻敌情绪也滋长起来。殊不知这正中了来山得的计。

第五天，雅典舰队又叫骂了一个白天，斯巴达舰队照样睡觉。雅典舰队见对方没有动静，最后怏怏离去。来山得见时机已到，立即命令侦察船尾随跟踪雅典舰队侦察。然后，他又命令全军上舰，一听号令即全力出航，冲向敌舰。侦察船尾随雅典舰队到达羊河口后，发现他们刚抛锚就有许多舰员离舰上岸，雅典海军处于麻痹大意、高枕无忧的状态。侦察船急忙掉头回驶，舰员高举闪闪发光的盾牌，发出了预定的信号。原来这是来山得的一个创造，在通信不发达的公元前，为了及时得知信息，来山得让士兵使用擦亮的铜盾牌反光及时发出进攻的信号，这样使斯巴达舰队与其侦察船在较远的距离上达成了预先约定的通信，从而保证了舰队突袭的成功。有海战史专家认为使用铜盾牌反光发出信号的办法，是开创了光学通信的先河。

一见信号，来山得立即发出了进攻的命令。200艘三列战舰疾风般向雅典舰队冲去。舰队快要接近羊河口时，雅典人还毫无动静，大多数舰船上空无一人。

雅典海军统帅科侬仅带领20艘战舰杀出重围；另外的160艘战舰全部被俘，大多数雅典官兵都束手就擒。顷刻间，庞大的雅典舰队全军覆没，灰飞烟灭，雅典自希波战争以来的海上霸权宣告结束。

这次羊河海战又称伊哥斯波塔米海战，此后，来山得又率领舰队迅速扫荡了小亚细亚沿海和爱琴海区域，切断了雅典的海上运输线，再率200多艘战舰封锁了雅典，使雅典变成一座孤城。

划时代的勒班陀海战

公元前404年4月,被严密封锁了四个月的雅典宣布投降,长达27年的伯罗奔尼撒战争终于随着雅典的战败而降下了帷幕。而海战对整个战局的影响是不用言喻的。

公元14世纪,中亚细亚兴起一个以创立者奥斯曼为名字的奥斯曼土耳其帝国。1453年,奥斯曼国王率15万大军、300艘战舰攻下了君士坦丁堡,并将它改名为伊斯坦布尔。君士坦丁堡的陷落标志着在西罗马帝国灭亡后延续了近千年之久的东罗马帝国也灭亡了。拥有包括300艘战舰组成的强大舰队及以技术和装备见长的炮

兵部队等军事力量的奥斯曼到16世纪中叶已发展成为威震欧、亚、非三大洲的强大的军事帝国，疆土超过鼎盛时的东罗马帝国。

1566年，奥斯曼国王苏里曼一世将扩张的矛头指向地中海的西班牙和威尼斯。1570年7月向威尼斯统治的塞浦路斯岛发动进攻。

面对威胁，威尼斯向所有基督教国家求援，唯一的支持者是罗马教皇庇护五世，他清醒地认识到基督教世界面临的危险，认为夺得并保持地中海的制海权就可以扼制土耳其向西的扩张。他亲自出钱购买了12艘战舰，并倡导地中海沿岸一些国家形成了一个反穆斯林同盟，组建了一支基督教联合舰队。联合舰队总司令由西班牙国王腓力二世的异母兄弟约翰担任。年方26岁的约翰是一位有着丰富经验的将领，年轻气盛的他决心打赢这一仗。

1571年8月，约翰率舰队到达西西里岛北端的墨西拿港。此时联合舰队总计有舰船约230艘，官兵八万余人，其中一半是划桨手，许多士兵都经过了严格的接舷战训练。舰队的主要战舰是快船、大船和中船。其中，

快船是一种长40至60米，宽六米的单层甲板战舰，帆桨并用时最高时速可达6.5节。快船头部还装有一个金属长喙，酷似鸟嘴，用以撞击敌舰。它是当时地中海上使用最广泛的军舰。这种快船比土耳其快船的火力要强。土耳其快船仅在船首设有五门火炮，而联合舰队的快船则在船首设有五门火炮，两舷还有几门4.5磅炮。大船是战列舰的前身，取消了桨，单纯靠帆。它有两层火炮甲板，火力猛，但在近海活动显得笨拙。中船兼有大船火力和快船机动之长。他们舰船还装有较厚的护板，舰舷护板厚达100毫米。联合舰队的士兵还备有火绳枪，这种枪是滑膛枪的前身。而此时土耳其士兵仍大多数使用弓箭。

当时联合舰队由西班牙舰队、多利亚指挥的意大利诸盟邦舰队和柯伦拉指挥的教皇舰队及费尼罗指挥的威尼斯舰队组成，内部矛盾不断。威尼斯造船能力强，但舰多兵少。面对现状，约翰果断地对舰队的编制、装备和战术进行了大胆的改革。他决定用火力猛的中船担任前卫，用火炮攻击来取代接舷肉搏，还拆除快船上的长喙，以使前炮的火力得到充分的发

挥。约翰大胆的军事改革,不仅在勒班陀海战中起到了关键性作用,也对世界海战史产生了巨大的影响。

10月6日,联合舰队驶近斯克罗法角灯塔,接近勒班陀。约翰在旗舰"皇家号"上郑重宣布,如果此次海战胜利,所有的奴隶桨手一律获得自由。他的话音刚落,海面就响起一片欢呼声。

10月7日,联合舰队的各分队相继赶到勒班陀,云集的战舰呈半圆形态势封住了佩特雷湾的出口,将土耳其舰队的250多艘战舰封堵在港湾内。

十时半,两边先开始炮击,只见硝烟弥漫,炮声轰隆。双方舰队都是三个支队,各支队之间有一定的间隔,海战在三个区域分别打响。

在战线的北端,联军左翼的中型战舰最先同土耳其右翼的战舰交火。中型战舰用猛烈的炮火向土耳其舰射击,土军右翼分舰队被歼。右翼支队参战半小时后,约翰率领中央支队也打响了战斗。前列的

中船一阵炮击,土军中央支队被打成了几个分散的舰群。为避开联军炮火的威胁,阿里指挥土军中央支队向联军高速逼近,战斗变成了短兵相接。双方以旗舰为格斗中心。阿里首先率舰向"皇家号"撞击,舰首的长喙与"皇家号"绞索缠在了一起。400名土军精兵高呼口号,挥舞刀枪跳上"皇家号",但马上被约翰手下的300名火炮手击退。

土军进行了简短的休整,在阿里的亲自指挥下,又发动第二轮冲锋,首先将大桶的柏油等易燃物抛到"皇家号"上,然后投掷火弹弓,燃起大火,接着,数百名土军士兵冒着烈火和弹雨,蜂拥般地冲上了"皇家号"。在浓烟滚滚、杀声震天的激战中,约翰指挥将士们终于打垮了土军

的第二轮冲锋。

　　惨烈的激战自上午十时打到下午一时，双方尽管死伤惨重，但对攻的势头却有增无减，势同疯狂。约翰的副将柯伦拉以神奇的攻势击毁并焚烧了土军将领普尔陶的座舰后，势如破竹般地边集中火炮向土军旗舰猛轰，边高速接近了旗舰。

　　数十艘联军快船炮船，以压倒的优势兵力对土军旗舰展开了围攻。土军主帅阿里在混战中被一颗弹丸击中前额，倒在甲板上，联军一名士兵立即扑上割下了他的首级并狂呼："阿里死喽！阿里死喽……"这一消息使联军愈战愈勇，土军军心动摇，阵容大乱，逃跑的全部被歼，残余的纷纷投降，联军中路亦获得胜利。

　　联军右翼的作战仍十分艰苦，土军左翼舰船比联军多30艘，其将领乌尔齐又是海盗出身的悍将。土军战舰打开了一个缺口，将联军中央分舰队和右翼分舰队分割开来。联军后卫分舰队立即派出八艘快船前来堵缺口，但马上就被十多艘土军战舰围住，教皇出钱造的"佛罗伦萨号"等数艘战舰上的官兵被杀得一个不剩，战舰也成了土军的战利品。联军将领克鲁兹只好带领剩下的预备队战舰一齐冲到缺口处，同土军混战。正危急时，中央分舰队消灭正面之敌后，派出12艘快船前来支援，联军左翼也击溃了土军派出舰队过来。于是三股兵力合在一起，向土军左翼分舰队发起进攻。乌尔齐见势不妙，赶紧杀出一条血路，向西逃去。海战遂告结束。

　　10月17日，一艘名叫"安琪儿号"的快船驶入威尼斯港，向人们报告了海战大捷的消息。在海战中，有113艘土军舰船被消灭，117艘被俘；土军官兵三万人战死，8000人被俘。而联合舰队损失战舰12艘，另有一艘被俘，官兵伤亡1.5万余人。根据约翰战前的许诺，活下来的1.2万名奴隶桨手全部成为自由民。

　　勒班陀海战打破了奥斯曼帝国不可战胜的神话，帝国开始走向衰落。

　　班陀海战是历史上一次划时代的战役，也是最后一次以桨帆战舰为主的大战。它标志着以冷兵器为主的古代海战样式的结束，以热兵器为主的新海战样式的开始。此后，风帆和火炮完全取代了划桨和肉搏。

无敌舰队的覆灭

1571年，西班牙在勒班陀海战中打败了土耳其舰队以后，成了"海上霸王"。可是英国也不示弱，经常利用海盗到西班牙占领的殖民地进行走私贸易，抢劫西班牙运送金银的船只。1588年5月20日，西班牙国王腓力命令西班牙舰队从里斯本起航，开始远征英国的历程。这支号称"无敌舰队"的西班牙舰队共有舰船134艘，总吨位5700吨，火炮2400多门，水手8766名，摇桨奴隶2088名，士兵21855名。由西多尼亚任舰队司令。这位出身高贵的公爵对军事一窍不通。公爵还有点自知之明，立即上书国王要求辞职，另请高就。但国王不许。西多尼亚把舰队分成十个支队，

企图发挥西班牙舰队接舷格斗的优势，运用在勒班陀海战中曾奏效的横队战术取胜，并和计划中的驻尼德兰巴尔马公爵率领的登陆舰队会合，经英吉利海峡直捣伦敦。

此时，英国也已组成了一支拥有197艘舰船的大舰队。舰队共载有作战人员16000名，全是船员和水兵，没有格斗士兵，分为六个支队。女王任命霍华德勋爵为统帅，并让多次袭击西班牙舰队和海外领地，掠夺其财宝的海盗头子德雷克任副统帅，霍金斯为财务给养官。德雷克虽是海盗出身，但其环球航行的壮举和高超的海战战术却闻名大西洋，在大英帝国兴起和皇家海军史上占有重要地位，后成为英格兰勋爵。霍金斯也是一个半海盗式的人物，他设计了一种快速舰，这种战舰没有高耸的前后船楼，舰首的撞角也彻底取消了。它舰体小、航速快、机动性强；另外两舷还安装了远射程长炮。他设计的这种火炮叫"寇非林"，是一种长炮，它发射17磅球形弹丸，射程可达1.25英里，这在当时已是很远的了。这样准备就绪的英国舰队集中在普利茅斯港，迎击西班牙舰队。

7月20日下午，英国派在港外的监视船船长弗莱明突然发现西班牙舰队已驶抵港外，大吃一惊，慌忙向霍

华德报警。霍华德立即率领英舰队出港。次日，英舰队与向东行驶的西班牙舰队相遇。英舰快速、灵活、机动性好，而西舰船则大而笨重。英舰船利用优越的航行性能，抢占了上风位置，楔入西舰队主力的后卫支队之间，用火炮猛轰西殿后舰。西舰队比斯开支队立刻乱作一团，旗舰"格兰格林号"被打瘫痪。西多尼亚亲率旗舰"圣马丁号"赶来解围。英舰见状立即转移，后又围住西舰队的"圣萨尔瓦多号"猛轰。这种灵活机动的战法使西军打接舷战的企图一次次化为泡影。战斗从凌晨一直打到夜晚，双方暂时收兵。

7月29日上午，海雾渐渐散去，英舰队追上无敌舰队，在格拉夫林附近再次向西舰队发起进攻。英舰队用重炮猛轰敌舰，并抢占上风，把西舰逼上佛兰德海岸搁浅。激烈的炮声震荡着海峡，战斗持续到黄昏，英军越打越勇，西军面临绝境，仍顽强抵抗，但炮弹越来越少，火力逐渐减弱。突然，李卡尔德的座舰"马利余安号"被英军炮火击中，不一会就沉入海底。夜幕降临，西多尼亚再也无力战斗下去，命令部队撤退。英军立刻调整队形，准备全歼西舰队。正在此时，海峡中刮起南风，西多尼亚率领舰队乘风逃向北海。此次海战，西班牙舰队损失了20余艘舰船及5000余名士兵，英舰队未损失一艘舰只，只损失了100多名士兵。

故事的后半部更为悲惨，西班牙舰队从北边返回路上的损失更大。当八月底无敌舰队历经艰辛抵达西班牙时，有一半的战舰和10000名官兵永远留在了冰冷的大西洋。

英西海战是人类跨入热兵器时代的一次大规模海战，是凭火炮制胜的第一次海战。无敌舰队的溃败，是技术、战术落后者的失败。这次战斗是英西关系史上的一个转折点。从此，西班牙这个从14世纪就开始称霸海洋的世界强国，逐渐走向衰落，英国则逐渐强大，取代西班牙成为新的海上霸主，成为世界头号殖民帝国。

抗日露梁海战

16世纪80年代，日本丰臣秀吉政权在武力统一日本后，积极对外扩张，于1592年春发动了侵略朝鲜的战争。因这一年是朝鲜历法上的壬辰年，故称为"壬辰战争"。中国政府应邀出兵援朝，水师将领陈璘的几百艘战舰抵达朝鲜，在1598年的露梁海战中，中朝联军终于击败了入侵的日军，取得了战争的胜利。

战前，双方兵力不断增加。日舰船已由1000余艘增加到3000余艘，总兵力达14万余人。但日舰构造简单，性能较差，主要武器为铳，是一种原始的滑膛枪炮。朝鲜水师约有4.8万人，舰船488艘，其中著名海军将领李舜臣创造的"龟船"很有特色。龟船是朝鲜人民在15世纪初发明的一种战舰，这种船因酷似龟背而得名，能经受台风袭击，战斗力比一般战船强。李舜臣根据日本水师已广泛使用火枪和火炮的实际情况，吸取传统龟船的优点，作了大胆改进。他改制的龟船长约11丈，宽丈余，干舷低；船身用坚硬木材制成，并包上一层鳞状铁叶，遍插利刃及锥尖；前为龙头，长四尺三寸，宽三尺，龙口是铳穴，内装硫黄硝烟；后为龟尾，尾下也有铳穴；两舷各有六个铳穴，四周共有70多个炮眼；两舷各设十支划桨；甲板坚固，机动灵活，攻防能力较强。明朝援军这时也增至14万人，其中水师1.3万人，战船500余艘。

在中朝联军的打击下，日军连遭重创，丰臣秀吉也病死，日军决定撤退。1598年10月，明朝水师提督陈璘最先获悉此情报，决定在海上阻击日军。他将中朝联军水师2.6万余人，战船800余艘，由古今岛移至左水营、猡老岛以东海面，在左水营建立基地和联合作战指挥所，并进一步

占领猫岛,封锁光阳湾,控制露梁海峡,监视日军动向,以协同陆军围歼驻顺天的日军小西行长部。

11月11日晨,日军先遣部队驶至光阳湾口的猫岛附近海面时,遭到中朝联军水师的阻击,退路被截断,困在全罗道南顺天曳桥一带,无法脱身,只得向驻泗川、南海的日军求援。日军为救援这支被困部队,派出载着上万名士兵的500多艘舰船向西驰援,突入光阳湾。18日晚,日舰队乘着月色向露梁海峡驶去。陈璘、李舜臣决心在露梁海峡以西海域包围和歼灭这股日军。他们派出副总兵邓子龙率领精兵1000人和三艘巨舰为前锋,埋伏于露梁海峡北侧,待日军通过海峡后迂回到侧后发起攻击,切断日军的退路;朝鲜统制使李舜臣率领朝鲜水师为右军,隐伏于南海岛的观音浦,待机出击,从南面夹击日舰队;御倭总兵兼水师提督陈璘率明军水师主力为左军,隐蔽于竹岛与水门洞港湾内,待机出击,从北面夹击日舰队,以形成袋形包围态势,力争全歼日援军。

11月19日二时许,日舰队主力大部已驶出海峡,进至露梁海峡以西海面。待日本舰队全部驶入伏击圈,联合舰队便以迅雷不及掩耳之势,千舰齐发,呐喊着冲向敌舰。很快,前锋接近敌舰,立即万炮齐轰,不少日舰中弹燃起了冲天大火。日舰队很快陷入包围,阵势大乱,并向观音浦逃窜,却发现前有伏兵,只好又退向露梁海峡,但被邓子龙率领的舰队截断退路。年逾70的邓子龙率舰进入敌阵，往来冲杀，勇如猛虎。

经过一阵激战，40多艘日舰被歼，余下的舰船无心恋战，想乘着凌晨海雾弥漫，能见度差的机会逃跑。但联合舰队却紧紧咬住不放，日舰队困兽犹斗，激烈的海战又进入高潮。邓子龙的旗舰仍然率先朝日舰群冲击。突然一枚火箭击中了邓子龙的旗舰，大火很快吞没了战舰。此时日舰也认出了此舰，多艘舰船迅速朝它围攻过来。邓子龙毫无惧色，在包围圈里左冲右突，继续顽强战斗，直至壮烈牺牲。陈璘悲愤填胸立即派副将陈蚕率舰前往支援。与此同时，朝中联军水师主力左右两个支队分别从南北两个方向对日舰展开了更为猛烈的攻击。

李舜臣率朝鲜水师跟踪追击，进入观音浦，再度与日军血战。陈璘也率中国水师赶来支援，用虎蹲炮连续轰击。日军垂死挣扎，拼命反击，一发流弹击中李舜臣的左胸，血如泉涌。不一会，这位朝鲜水军名将就永远离开了他心爱的将士和战舰。李舜臣之子接过父亲的令旗继续督师，指挥战斗。

朝中将士化悲痛为力量，全力投入战斗，战斗持续到中午，日军停止抵抗，被击沉焚毁的舰船多达450余艘，仅有50余艘逃脱。21日，陈璘急率水师返至曳桥，焚毁企图南逃的日军战舰百余艘。残余的日军逃到海边的乙山要塞坚守。中朝水陆军两面夹攻，在水军炮火的掩护下，明军突击队攀登悬崖峭壁，终于攻占了乙山要塞，日军全部被歼。至此，中朝联军对日的海上作战取得了全面胜利，历时六年的壬辰战争也随之胜利结束。

英荷争夺海上霸权

世界历史进入"大洋时代"以后,首先从海洋和贸易中取得好处的是西班牙和葡萄牙。他们从新大陆抢夺黄金白银,垄断奴隶和香料贸易。但西班牙"无敌舰队"失败后,英国、法国和荷兰逐渐成了争夺海洋、世界贸易和殖民地的主角,并彼此展开强烈的竞争。在17世纪,英国与荷兰成了主要竞争对手。

1588年打败西班牙"无敌舰队"之后,英国人日益更加明确地要求控制海峡和进行海外扩张。17世纪英国不断扩大和加强海军,在北美大陆、西印度群岛和东印度积极进行殖民活动,积极发展海上贸易。英国这种发展势头构成了对荷兰的主要威胁。英

荷两国在争夺海洋和海上贸易方面的斗争日益尖锐。

1651年英国颁布的《航海条例》成了引起英荷战争爆发的最重要的原因。条例规定：凡从欧洲运到英国的货物，必须由英国船只或由原商品生产国的船只运送；凡是从亚洲、非洲、美洲运送到英国、爱尔兰以及英国各殖民地的货物，必须由英国船只或英国有关殖民地的船只运送；英国各港口的渔业进出口以及英国国境沿海的商业，应完全由英国船只运送。这一条例显然是针对荷兰的中转贸易的，是对荷兰的最严重的挑战。荷兰提出严重抗议，要求英国废除这一条例，遭到英国拒绝。双方剑拔弩张，战争一触即发。

1652年双方在多佛海峡的一次发生小冲突，这次冲突成了战争的直接导火线。双方舰队发炮攻击，进行持续四个小时的混战，一场势均力敌，规模空前的海战开始了。

第一次英荷海战(1652—1654)，在英法海峡和地中海同时展开，战事主要集中在海峡战区，作战次数之多，历史上是罕见的。

第一次英荷海战大体可分为两个阶段，1652年5月~1653年5月为第一阶段，1653年6月~1654年4月为第二阶段。

第一阶段中基本是双方互有胜负。1652年5月29日第一次大战(多佛

海战)中，荷兰方面参战的有42艘战舰，最初英国方面有12艘，但英国的船大，炮火强，多少弥补了数量上的不足。最后，英国又有一支九艘战舰组成的分舰队赶来参战，特朗普感到首尾受敌便主动撤出战斗。在此之后的六个月中，总的形势对荷兰人稍有不利，特别是特朗普因遇到强大的风暴损失了不少船只曾一度被迫辞职，给荷兰带来较大影响。特朗普再度复职后，荷兰在1653年12月10日之战(邓杰尼斯之战)中取得一次较大胜利。此次战后不久，英国又开始扭转不利局势。1653年2月28日～3月2日双方再次进行大海战(又称波特兰海战或海峡三日战)。荷兰损失了11艘战船，30艘商船，死亡近2000人，英国人损失一艘战船，死亡约1000人，布莱克本人又一次受伤。这次海战中英国人又一次占了优势。

从1653年下半年开始，英国人日益取得明显优势，荷兰人越来越处于不利局面，遭到更多的失败。1653年6月12日～13日发生加巴德沙洲(北部海岸)海战，这次英方明显占有数量上的优势(英荷战船的数量分别为133艘和104艘)，而且进一步加强了战斗力，因而取得了重大胜利。在这次海战中荷兰损失了20艘战船和1400人，英国只损失了一艘战船和400人。从此英国人开始掌握制海权，控制了英吉利海峡和北海，对荷兰海岸实行严密封锁。特朗普不得不重新装备舰队，力图挽回局面。1653年8月10日，双方在斯赫维宁根(海牙附近)再次交战。这次双方各有120艘战船，集结如此众多之战舰是前所未见的，战斗持续了13个小时。但在上午11时左右特朗普中弹身亡。这大大影响荷兰人的情绪，战斗激烈进行时有25名舰长逃跑，最后荷兰人只好退出战场，荷兰人再次受到重大损失。

自1653年8月10日海战之后，荷兰人再也无力进行大的激战，无力打破英国人的海上封锁。1654年4月双方签订《威斯特明斯特和约》，根据和约荷兰人承认英国在东印度群岛有与自己同等的贸易权，同意付出赔款，并让出大西洋上的圣赫勒那岛。

海洋战争

英荷、法荷海战

　　1660年斯图亚特王朝在英国复辟后继续执行扩张海上贸易，打击荷兰的政策。英王查理二世，甚至颁布了新的更为苛刻的《航海条例》，并在海外向荷兰殖民地展开新的攻势。英国的挑衅迫使荷兰于1665年2月向英国正式宣战。

　　双方的第一次大海战是1665年6月13日发生的洛斯特夫特之战（英格兰东海岸）。参加这次海战的双方都是一支庞大的舰队，英国舰队包括各种战舰109艘，此外还有21艘纵火船和其他七艘小型船只，共137艘船只，共有4200门火炮和22000官兵，舰队分为三个中队。荷兰舰队拥有103艘战船，此外还有11艘纵火船和七艘通讯船。有火炮4900门，比英国多700门，但其口径比英国的小。共有官兵21000人，舰队被划分为七个分舰队。6月13日拂晓前两支舰队相

遇，打响了战斗的第一炮。

这次海战中，荷兰损失了17艘船只，三名将领，至少4000名官兵。英国的损失是两艘船只，两名将官和800名士兵。

但是荷兰没有被打倒，重整舰队，米歇尔·阿德林森·德·赖特(1607—1676)临危受命统帅全国海军。米歇尔·阿德林森·德·赖特率领舰队在英吉利海峡攻打英国，荷兰舰队共有84艘战船，4600门火炮和22000官兵，出来迎战的英国舰队拥有80艘战船，4500门火炮和21000名官兵。英吉利海峡四天之战，显然荷兰人取得了胜利，英国失去了17艘船，5000人死亡，3000人被俘，荷兰损失六艘船，2000人死亡。荷兰人一时取得了制海权，对泰晤士河口封锁了一段时间，但是英国舰队也没有被摧毁，8月2日重整旗鼓再次出现在海洋上。

1666年8月4日—5日双方再战(即北部海峡之战，英国人称其为圣詹姆斯纪念日之战)。这一次双方舰队大约都有90艘战船和20艘纵火船。这次战斗刚刚打响后，由柯尼利斯·特朗普率领的殿后中队突然改变航向，荷兰的三分之一的兵力脱离了战斗。在这次海战中，英国人处处占有优势。特别是这次英国人的火炮射程大，炮手装弹快，射击比荷兰人更准确，在规范的单纵队作战中更有利于发挥炮群齐射的优势。这次荷兰人损失了约20艘战船，约7000人伤亡，1000名将官阵亡，英国人只损失了一艘战船，2～3艘火攻船，虽有五名舰长阵亡，但总伤亡不到300人，德·赖特巧妙的指挥拯救了荷兰舰队，使之免遭毁灭，英国又夺得了制海权。

战争进行两年之后，英荷双方均已困难重重。1667年1月双方开始举行和谈。1667年7月31日双方签订《布雷达和约》。根据《布雷达和约》，英国修改了《航海条例》，荷兰仍然同意自己船只在通过多佛海峡时应向英国表示致敬的要求。英国放弃自己在荷属东印度群岛方面的权益，荷兰则承认西印度群岛为英国的势力范围，双方交换了殖民地：荷兰正式割让哈得逊河流域和新阿姆斯特丹给英国，英国将在战争期间占领的苏里南（在南美）归还给了荷兰。据和约，双方都有所得失，都采取了克制态度，因为日渐强大的法国正在威胁着双方。

第三次英荷海战(1672—1674)实际是法、荷战争的一部分，也是英荷海上争夺的最后阶段。法国国王路易十四(1643—1715)企图兼并荷兰，诱使英王一起行动。英国海军向荷兰的商船发动突然袭击，法国陆军入侵荷兰，荷兰从陆上和海上被包围了。荷兰海军在老将德·赖特率领下多次挫败英法联军的进攻。英王查理二世联法反荷的政策引起英国人民的不满，同时英国统治阶级已开始看出法国已是他们的强大对手，害怕法国过分强大，英国人迫使其国王取消与法国的同盟并停止战争。1774年2月英荷双方签订威斯敏特和约，确认1667年布雷达条约继续有效。此后荷兰继续与法国作战，直至1678年为止，法王路易十四没有从荷兰得到一寸土地，荷兰保卫住了领土和独立。

英荷战争的结果，荷兰的贸易和经济实力有所下降，从此工业更发达的英国逐渐掌握了把持国际贸易和殖民地的优势，西班牙已开始衰落，荷兰已被削弱，英国成了唯一的海上强国，但这时法国已成为欧洲大陆的最强大国家。法国的强大不仅威胁到了荷兰，也使英国感到不安，从此英荷开始接近，出现了英荷长期共同反对法国的局面。

英荷海战持续时间之长，规模之大在历史上是罕见的，因而对海军技术装备和海军学术的发展产生重大影响。

英法七年海上争夺战

1756爆发了堪称世界规模的七年战争，英法之间展开了全面的大规模的海上争夺。

七年战争可算是第一次世界性战争，法国大革命前最大的一次全欧性冲突。大多数欧洲国家都卷入了这场战争。不仅在欧洲大陆、地中海和大西洋，而且在美洲、印度、非洲、西印度群岛，以及菲律宾都发生了陆上和海上的军事冲突。

战争以普鲁士1756年8月进犯萨克森为开端。战争开始后立即分为两大战争集团：一方是以英国、普鲁士为首的汉诺威、黑森、卡塞尔、不伦瑞克和其他一些德意志诸侯国组成英普同盟；另一方则是以法奥为首

的由瑞典、萨克森和加入"神圣罗马帝国"的大多数德意志诸侯国组成的法、奥、俄同盟，1762年1月西班牙也站在法国一方参战。

七年战争的直接原因是普鲁士和奥地利争夺整个德意志范围的领导权问题，更广泛、更深刻的原因是英法之间争夺殖民地和海上霸权的斗争。

18世纪中英法总的形势是：法国据有加拿大及路易斯安娜，即从大西洋岸边的新斯科舍半岛，经圣劳伦斯河、五大湖，然后下密西西比河，直抵墨西哥湾，形成一个半月形，英国所据有的北美狭长地带，正好处在法国半月形的内侧。法国不仅要把英国限制在阿巴拉契山脉以东，而且要把它赶下大西洋，独霸北美。英国则竭力向加拿大及阿巴拉契山脉以西扩张，排挤法国，由自己独霸北美。七年战争在欧洲大陆和广大海洋上进行。欧洲大陆，普鲁士在英国补助金的支持下对付法国、奥地利，以及后来的俄国，英国则集中力量于海上，主要是打击和削弱法国的海上力量和占领它的殖民地。

战争开始时，英国海军即占有明显优势：1756年英国有130艘战列舰、60艘快速帆船，法国只有73艘战列舰，且装备和大炮不足，只有30艘快速帆船。

七年战争中英法之间的战争主要发生在三个地区：地中海及欧洲沿海、印度和北美。

在地中海和欧洲沿海主要发生了三场海战：即梅诺卡岛之战、拉各什湾(圣玛丽亚角)之战和基伯龙湾之战。

梅诺卡岛之战(1756年5月20日)。1756年4月，法国派出150艘运输船只运送1.5万名士兵开始围攻地中海上的英军海军基地梅诺卡岛的马翁军港。由于众寡悬殊，法国很快攻下马翁港的圣菲利浦要塞。法国负责这次海上掩护行动的是法国海军上将德·拉·加尔森尼尔指挥的一支12艘战列舰组成的分舰队。由于情报混乱，英国很晚才派出海军上将约翰·宾率领13艘战舰去地中海，他所领受的任务是解除梅诺卡岛之围。

5月19日，宾的舰只接近梅诺卡岛。20日晨，当晨雾消散时，法国舰队在东南方12海里出现。约翰·宾发出信号要舰队组成战斗队形，改变航向朝东南方向的敌人驶去。天刚过午，两支舰队并肩在各自的航线上以平行的纵队行进，法舰在左，英舰在右。约翰·宾亲自指挥七艘战舰，由坦普尔‘韦斯特少将指挥六舰战舰担任后卫。按《永久战斗条令》的正规战法，约翰·宾应升起旗帜与敌舰进行捉对厮杀。但这样做的缺陷是他的每艘舰几乎是头朝前接近敌舰，这样就可能首先遭到敌军纵射。约翰·宾计划对战术进行革新，打算保持航向直至他的前卫舰只越过敌后卫舰，然后转向，在适当角度发起攻击。但加里森尼尔也如法炮制。约翰·宾再次发出信号重新组织队形时，其带头舰却没能做到这一点，而是一直保持和敌舰平行的航向。坦普尔·韦斯特的整个分舰队紧随其后。这样约翰·宾的革新战术的意图便没能实现，于是他又发出一个明确的总攻信号。

但是，当韦斯特的六艘军舰头朝前地转向法国前卫舰时，却遭到了三次纵射，双方在近距离内进行了猛烈炮战，战斗中韦斯特的所有军舰都受到重创。现在处在后卫的约翰·宾因距离太远无法参战，整整半小时后才开始远距离射击，但这时其前卫部分已遭沉重打击。而且前卫分队的殿后舰的前桅被炸断，失控地横在约翰·宾的队列之前，使其无法前进，乱成一团。

约翰·宾既受到正规战法的约束，又受到托马斯·马修斯案件的影响，没有果敢地参加混战去援助受到严重攻击的前卫分队。但这时英舰队的大势已去，韦斯特的舰只的桅具和索具已受到严重破坏。法国人已取得重大胜利，加里森尼尔保持他舰队的良好队形和完好的船体，减速驶向下风处，他已完成重创英舰队和掩护法国滩头阵地进攻的任务。

约翰·宾同样也没有下令"全面追击"，因为《战斗条令》规定只有面对明显的弱敌或当对方"主力丧失战斗力或溃不成军时"才能发起这样的追击。但现在的法国舰队绝不是这种状况。约翰·宾已没有更好的选择，他征求了舰上的高级海陆军军官意见之后，决定把舰队转移到直布罗陀。一个月之后，梅诺卡岛全部为法国占领，梅诺卡岛在整个战争期间一直为法国人所控制。

梅诺卡岛的丢失，约翰·宾的失利，引起英国公众的强烈不满。英国政府把约翰·宾当成了替罪羊，决定

海洋战争

将其送上军事法庭。法庭最后给他的罪名是未能"竭尽全力"去击败敌军或者消灭法国舰队，或者解除梅诺卡岛之围。随后，约翰·宾被枪决了。

托马斯·马修斯的被革职，约翰·宾的被处决，都要求人们需要认真思考刻板的《永久作战条令》。

拉古什湾海战(1759年8月18日—19日)却是另外一种结果。为了实现入侵英国的计划，法国海军将领萨布兰 柯鲁奉命将他指挥的土伦舰队并入法国的布勒斯特舰队。柯鲁冒险地率领他的12艘战舰驶向大西洋，借助夜幕安全地通过直布罗陀海峡。但很快被英舰发现，爱德华·博斯科恩将军指挥的一支15艘战舰组成的舰队迅速尾随上来。博斯科恩发出信号命令全面追击。五艘法舰趁黑夜逃到了加的斯。随之发生了一场残酷的舰对舰的战斗。法舰"森托雷号"在其沉没之前曾长时间阻击英国舰队。英国人最终仍压服了法国舰队，把大部分法舰赶进了葡萄牙的拉古什湾。尽管葡萄牙是中立国家，英国的博斯科恩第

二天还是向海湾里的法舰发起攻击。在这里，萨布兰·柯鲁故意让他的船舰搁浅。在追击中博斯科恩俘获了一艘法舰，在海湾里他又缴获了两艘并焚毁了另外两艘搁浅的法舰。

拉古什一战，法国的土伦舰队没有一艘军舰到达布勒斯特，土伦舰队事实上已不复存在。

在随后的基伯龙湾战斗(1759年11月20日)中，英国舰队再一次取得重大胜利。

法国布勒斯特舰队司令哈伯特·孔特·德孔弗朗奉命率领20艘战列舰和二艘快速帆船出港，去支援在苏格兰的一次拟议中的入侵登陆行动。德孔弗朗从布勒斯特出港后选定航向直插卢瓦尔河口。英国爱德华·霍克爵士奉命率领27艘战列舰进行截击。霍克迅速行动，在基伯龙湾赶上了法国分舰队，并下令全面追击。11月20日下午二时，正当法国的先导舰进入这个港湾时，英国的先头部队赶上了它们，并展开了战斗。

下午三时许，在激烈的战斗中，法国后卫部队被打败，一艘被俘，一艘翻沉，一艘遭严重损失而降下旗帜，第四艘"特斯号"在与英舰"贝尔托号"作战中被击沉；舰上700多人几乎无一幸存。英国也有两艘舰艇由于搁浅而损坏。当夜幕降临时，英国战舰下锚停泊，暂停追捕。夜间有八艘法国舰丢弃了大炮，减轻重量，越过沙洲，逃进浅水的维莱纳河，但在那里战舰的龙骨都撞碎了。另外八艘法舰在夜色掩护下逃走，但其中一艘受重伤，不久沉没。德孔弗朗为避免被英军俘获，将旗舰"皇家索莱尔号"撞在礁石上，放火将战舰烧毁。只有其中的六艘逃回罗什福尔。

基伯龙湾海战的胜利是英国在七年战争中所取得的最大的一次海上胜利。

1761年6月8日，英国军队占领了基伯龙湾外面的贝尔岛，一直占领到战争结束。

拉古什和基伯龙湾的胜利是英国海军全面追击战术的胜利，也是灵活应用《战斗条令》的结果，实质上也是在开始修订《战斗条令》。更重要的是，这两场战斗之后，法国的舰队已大大丧失战斗力。从此之后，英国海军一面紧紧地封锁法国海岸，使法国断绝与其殖民地的往来，另一方面则把更多的力量用于印度和北美战场。

1759年英国派出三支军队远征加拿大。一支从纽约出发，经由哈德逊河、乔治湖和尚普兰湖向北推进，最后沿黎塞留河向北，直攻蒙特利尔。一支向西横扫，沿伊利湖和安大略湖兜抄，攻占尼亚加拉要塞。第三支则是主力部队，沿圣劳伦斯河而上，攻占法军军事指挥中心所在地魁北克市。

英军这支主力部队由海陆两支大军组成。陆军主要是由苏格兰高地人组成的9200人的英国正规军，由詹姆士·沃尔夫少将指挥。海军则包括29艘战列舰，13艘护卫舰，119艘运输船只和辅助船只，共有三万名水手和登陆兵，这是一支"北美所见到过的最好的舰队"。由海军上将查尔斯·桑德斯指挥。

魁北克市距海约400英里，在那里圣劳伦斯河开始变宽，形成一个波涛汹涌的入海口。这个城被公认是不易攻克的，因为它恰好位于岩石上，夹在圣劳伦斯河和圣夏尔河之间，其西面有悬崖状海岸拱卫，上城的石质结构工事据信是坚不可摧的。其守军共有五个营的正规军和一些民兵、印第安人，人数在1万~1.4万之间，约有火炮300门。法军负责守卫魁北克的是有能力和富于经验的路易斯·约瑟夫·德蒙卡尔姆将军。

1759年4月底，英国的舰队进入了哈里法克斯，5月17日到达路易斯堡，在这里沃尔夫和桑德斯决定了他们的最初进攻计划，决定在魁北克以北几处登陆，然后从那里越过圣夏尔河，绕到魁北克的后方。6月4日，英国舰队分为三个支队——红、白、蓝支队扬帆启程，于6月9日进入圣劳伦斯湾。这是一个大胆冒险的行动，因为从未有过如此庞大的船队进入圣劳伦斯湾，而且还有大雾。桑德斯在俘获的法国、加拿大领航员的帮助下，在险恶的水道上溯流而上，最终安然地停泊在魁北克守军的炮火射程之外。沃尔夫的部队在舰队配合下，在几处不设防或防守薄弱的据点登陆，控制了几个制高点。从七月开始，英法双方开始了三个月之久的拉锯战。在此期间，英军虽付出较大伤亡，没有取得什么战果，但对法军产生了一些不利影响，一是英军连续炮击魁北克城，其下城完全被毁，教堂也已化为灰烬，使城内发生饥饿和恐惧现象。当其被攻陷时，那里仅存有两天的补给品了。另外，这时另一支英军已逼近蒙特利尔，作为法军在加拿大的总司令德蒙卡尔姆不得不把他的一位最优秀的将军派往蒙特利尔。

几次进攻失败之后，沃尔夫终于在八月底定下他的最后进攻方案，大体是：以佯动方式麻痹敌人，在艰险地方强行登陆，最后迫使法军在魁北克以南的亚伯拉罕平原进行决战（他自信他的部队优于法军）。

从9月7日起，1500英军分乘军舰和30艘平底船开始在魁北克以南一带上下移动，并向法军营地开火，迫使法军在岸上也左右跑动，搞得疲惫不堪。同时，桑德斯海军上将指挥舰队向魁北克以北一带也发动佯攻，也迫使这里的法军在岸上随之而动。最后，沃尔夫选定弗伦湾（现已改名为沃尔夫湾）作为强行登陆地点。

自英军发动佯攻以来，德蒙卡尔姆在魁北克四面有围墙的城里只留下较弱的防卫力量，把他的主力部署在从圣夏尔河到蒙莫朗西河一线的工事中，并用凿沉的旧船封锁了圣夏尔河口。以路易斯·托尼·布干维尔将军为首的警戒部队和一支机动部队守卫魁北克以南一线，并提醒布干维尔要与沃尔夫的舰船作平行运动。他又选定了一个军官费果尔负责弗伦湾的防务。但费果尔认定英军不会在此登陆，直到英军上岸的那个晚上他还在帐幕安然大睡。

桑德斯发起了大规模的佯攻，他把军舰一字排开，并向德蒙卡尔姆所在的博波尔开炮射击。大张旗鼓地用小艇装载着海军陆战队员和水手，似乎新的登陆行动已迫在眉睫。德蒙卡尔姆立即集中主力部队去对付桑德斯。与此同时，一支护卫艇和炮艇也在魁北克以南一线游动，这里的布干维尔也只得与这个故意暴露的目标同时作平行运动。

13日拂晓前，英国舰艇已把步行的法国部队搞得疲劳不堪，抛到了后面。在预先选定的平底船上的24名英国精兵用假装法国船只的办法骗过了法国哨兵，几分钟之后，他们绕过了弗伦湾以西的地角到达了选定的登陆地点。沃尔夫第一个跳上了滩头。24名精兵上岸之后遇到了高不可攀的岩壁，但终于爬上了顶端。沃尔夫随即命令其他人员登陆，并把两门炮拖上了山坡，攻占了敌人一座炮台，到天

色大亮时英军已有1200名登陆上岸，奇袭完全成功。而德蒙卡尔姆此时仍还在博波尔，因为桑德斯的佯攻完全把他吸引在那里，直到上午六七点钟时，他才知道敌人已经登陆。

现在摆在德蒙卡尔姆将军面前的形势，只有立即会战，因为魁北克现在只有两天的补给了，越推迟战斗越对敌人有利。但在这紧急关头，法国加拿大总督法德鲁尔和魁北克的城防司令却没有和这位法军总司令相配合，拒绝派出更多的援军去进行决定性会战。而平时沉稳而有出色判断力的德蒙卡尔姆这时又显得失去了耐心，没有等待布干维尔部队从英军后方发起进攻便开始了会战。

决定加拿大命运的亚伯拉罕平原会战于1759年9月13日上午十时开始。德蒙卡尔姆这时所能集中起来的总兵力不足4000人（包括正规军、民兵和印第安士兵），英军全部兵力约4800余人。英军不仅在数量上略占优势，更重要的是素质上明显高于法军，英军平时训练严格，纪律严明，尤为重要的，在这次会战中沃尔夫所使用的军官可算是英国陆军中空前优秀的。

十时法军开始向前突进，踏着鼓声前进，在200码以外开火。但是，当法属加拿大民兵为了再装弹药必须卧倒在地面时，法军战线即开始失去秩序。法军调整好战线之后继续喊杀前进，但英军却保持沉默，像墙壁一样屹立不动。当两军相隔100码时，英军开始向前移动，到了40码时英军突然开火。威力巨大的双管枪实施齐射，成片的法国士兵中弹倒地。英国步兵执行良好的交火程序。依次装弹射击，当法国人还没来得及从第一次所受打击的惊恐中恢复过来时，又再一次遭到猛烈齐射。仅15分钟之后，法军战线大乱，英军开始追击，慌乱的法国士兵在旷野中四处溃逃，一部分逃进城中，一部分躲进圣夏尔河防御工事里。英军取得了决定性胜利。

在这次会战中，英法双方的主将詹姆士 沃尔夫和路易斯·约瑟夫·德蒙卡尔姆双双阵亡。英国伤亡总数为630人，法军损失数字不详。

会战之后的当天，法国加拿大总督即溜出魁北克。9月17日魁北克城防司令决定开城投降。第二天英军进入魁北克。

随着这次胜利和英海军在基伯龙湾所取得的胜利，英国海军已完全取得了大西洋的制海权。

1760年9月8日英军占领了蒙特利尔，从此法国丧失了在加拿大的所有殖民地，加拿大全部为英国人占领。

由于取得了制海权，英国开始在西印度群岛、太平洋地区，甚至在非洲从敌国手里夺取和占领殖民地。1759年初，英国首批联合远征队到加勒比海地区，经过三个月的战斗从法国守军中夺取了瓜德罗普岛，1760年夺取了多米尼加，1762年占领了马提尼克、格林纳达、圣卢西亚和圣文森特岛——从而彻底清除了法国在小安的列斯群岛的海外领地。1762年6月一支拥有22艘战列舰和30艘其他战舰、100艘运兵船(1.5万名士兵)的舰队开始进攻西班牙的殖民地古巴，8月13日攻下哈瓦那，进而控制了整个古巴。西班牙分舰队的12艘战列舰中九艘被俘，三艘被击沉。1762年对马尼拉进行了远征，在英军的炮击和包围下，马尼拉不到两个星期便失守了。几乎与此同时，英国趁机占领了法国在非洲的奴隶贸易站。

到1762年下半年，实际上战争已

接近尾声。在欧洲大陆，普鲁士在战争初期虽然取得重大胜利，但在战争后期却连连失败，处于危险境地，由于俄国后期退出战争，才使普鲁士免于彻底失败。而随着威廉·皮特的辞职，英国事实上已抛弃了普鲁士，普鲁士已无力再战。奥地利因俄国退出战争已丧失信心。法国无论在陆上或海上均已被搞得筋疲力尽，英国已基本达到削弱法国、扩大海外殖民势力的目的。交战各国都希望和平，结束战争，从1762年下半年开始各国分别举行和谈。

1763年2月15日，以普鲁士为一方，以奥地利和萨克森为另一方签订了《胡贝尔茨堡和约》。根据此项和约，普鲁士重新获得了西里西亚。战争中，普鲁士不仅未被打垮，反而提高了国际地位。奥地利则有所削弱。

1763年2月10日，以英国、葡萄牙为一方，以法国、西班牙为另一方签订《巴黎和约》。

在战争中，法国一无所获而又大伤元气，在大陆结束了30年战争以来的霸主地位，在海外丧失了大片殖民地，在与英国争夺海上霸权和殖民地斗争中以完全失败告终。

英国依靠其正确的战略和强大的海军夺得了大片海外殖民地，确立了在印度和加拿大的统治地位，正是从这时起建立起了英国的新殖民帝国，它的殖民地已"从北极扩大到南极，从日出到日落的任何地方"，成为新的日不落帝国。同时，也开始了它的海上霸主时代，战后，仍有120艘英国战列舰在大洋上游弋，8000余艘商船来往于各大洲之间。

七年战争初期，进一步巩固和加强了海军线式战式的统治地位，但与此同时也开始暴露出这种战术的刻板教条的严重缺陷。在后来的海战中（从北美独立战争到法国大革命期间），英、法、俄等国一些海军将领，大胆地抛弃了陈腐的教条，逐步完成了从线式战术到风帆战列舰机动战术的革命。

特拉法尔加大海战

特拉法尔加大海战是法西联合舰队同英国舰队于1805年10月21日在特拉法加海域附近进行的一场海战。指挥这场海战的英国舰队指挥官是纳尔逊海军上将和柯林伍德海军中将，法西联合舰队指挥官是海军主将维尔纳夫。

1805年10月21日拂晓，当法西联合舰队驶抵特拉法尔加海域距英舰队只有12海里时，纳尔逊发出"成两个纵队前进备战"的信号。此时，法西联合舰队有战列舰33艘，其中一艘为当时最大的四层甲板战列舰"三叉戟号"，三艘为三层甲板战列舰；其余29艘为两层甲板战列舰。此外，还有七艘巡洋舰。战列舰中有18艘为法国的，15艘为西班牙的。装有"侧舷"火炮2626门，共载官兵21580人。英

国舰队原来共有战列舰33艘,其中的六艘在战前奉命去护卫一支驶向马尔他的运输船队。余下的27艘战列舰中,七艘是三层甲板战列舰,其余20艘为两层甲板战列舰。此外还有五艘巡洋舰和二艘辅助船。合计"侧舷"火炮2148门,官兵16820人。

10月21日上午11点30分,柯林伍德已经接近法西联合舰队的后段,维尔纳夫发出了"开火!"的命令。11时45分,法舰"弗高克斯"号射出了第一炮,于是会战展开。

特拉法尔加大海战由三部分组成。即:柯林伍德的攻击战,纳尔逊的攻击战,法将杜马罗尔反攻并失败。

柯林伍德的分舰队一马当先,冲入敌半月形阵线的后卫。最前面的英舰"王权号"切进法舰"弗高克斯号"和西班牙舰"圣安拉号"之间。"王权号"用左舷炮轰击"圣安拉号"船尾,右舷炮向"弗高克斯号"开火,使之遭受重创。"王权号"冲入敌阵后,立刻受到"圣安拉号""弗高克斯号""不屈号"等舰的集中围攻。40分钟以后,英国战列舰"王权号"失去控制,甲板上死伤狼藉,全船皆空,几乎成了一条死船,由英国巡洋舰"欧亚拉斯号"拖曳着。西班牙旗舰"圣安拉号"在和"王权号"的战斗中也丧失了战斗力,水兵死伤340名,到下午两点,被迫降旗投降。"欧亚拉斯号"靠拢"圣安拉号",英国舰长布拉克伍德海军上校跃上西班牙船浸透鲜血的甲板,俘虏了垂死的阿尔发海军少将。

柯林伍德分舰队每艘船间距两链(370米),在"王权号"投入战斗八分钟后,英舰"贝里岛号"也插入敌阵。"贝里岛号"切入"弗高克斯号"背后,亦遭联合舰队的包围和重创。"贝里岛号"主桅被炮弹切断,一度失去操纵,并且停止了射击。他的船员把军旗钉到后桅上继续奋战,终于被三艘英舰救出。

其他的英国战舰也像"王权号"和"贝里岛号"一样,各自插入了敌人的阵线。每艘英舰都从艏艉相接的敌舰中间穿过,用两侧的舷炮狠狠射击左右的敌舰。柯林伍德分舰队的最后一艘战列舰"亲王号"投入攻击时,已到了下午三点,战斗接近了尾声。英军的士气高涨,火炮射速和命中率都占着上风。在近距内,

"粉碎者"加农炮威力很大，联合舰队抵挡不住。激战结束时，担任联军后卫的15艘法西两国军舰，一艘被轰沉，十艘降旗投降。仅有四艘逃脱，其中之一是旗舰"奥国王子号"，它上面载着奄奄一息的西班牙海军将领格拉维纳。

柯林伍德分舰队交战25分钟后，纳尔逊上将的分舰队也投入战斗。纳尔逊亲乘"胜利号"，率"提米莱尔号""海王星号"三舰插入敌阵。"胜利号"用左舷炮射击。纳尔逊进入敌阵后向右转舵，希望能找到维尔纳夫的旗舰。尽管"胜利号"上所有的望远镜都在帆樯间寻觅，可就是看不到维尔纳夫的海军上将指挥旗。所以英军统帅无法找到法军统帅，和他船靠船地进行一场决斗。纳尔逊失望之余，假定维尔纳夫就在最大的法舰"三叉戟号"上坐镇指挥。纳尔逊逼近"三叉戟号"，用所有的大炮猛轰这艘四层甲板的巨舰。在"胜利号"和"三叉戟号"激战时，"胜利号"的一名观测兵发现在"三叉戟号"后方有一艘其貌平平的双层火炮甲板战舰。它就是法舰"布森陶尔号"，上面挂着总司令维尔纳夫的旗帜。纳尔逊冒着纷飞的炮弹冲到"布森陶尔号"的后方，用68磅的"粉碎者"和其他侧舷炮猛射它的舷窗。两舰距离很近，英舰的猛烈炮火使"布森陶尔号"损失特别惨重。紧跟"胜利号"的英舰"海王星号""征服者号"也靠拢法国旗舰，向"布森陶尔号"抵近射击。纳尔逊见"布森陶尔号"已被包围，令"胜利号"向右转舵，攻击法舰"敬畏号"。

"胜利号"和"敬畏号"战列舰互相逼近，双方投钩手立刻就把对方的战舰钩住了。

"敬畏号"舰长、法国海军上校卢卡斯非常勇敢，他指挥水兵向"胜利号"的甲板冲锋。英军水兵用步枪扫射，法军伤亡很大。

"胜利号"激战时，英舰"提米莱尔号"向法舰"三叉戟号"猛射，又用舷炮向"敬畏号"开火。法舰"弗高克斯号"同英舰"贝里岛号"交战后，又去攻打"提米莱尔号"。英舰"海王星号"跟随纳尔逊冲入法军队列后，向法舰"布森陶尔号"和"三叉戟号"射击。双方顽强地战斗，海面上硝烟弥漫、弹雨纷飞……

血战一个半小时后，威风凛凛

的巨人"三叉戟号"降下军旗向英国人投降。英舰"不列颠号"和"巨人号""征服者号"也跟随"海王星号"投入战场。在皇家海军的包围和重创下，维尔纳夫海军上将苦撑不支，在下午两点下令投降，"布森陶尔号"的桅杆上降下了将旗。因顶风迟到的英舰"阿贾克斯号""阿加门农号"和"非洲号""奥利安号"也都相继参战，为海战胜利作了贡献。特拉法尔加海战的最后一幕是联军将领杜马罗尔的反攻。实际上只是联军的绝望挣扎。杜马罗尔将军的分舰队一直处于联军舰队的前卫。战斗打响时，维尔纳夫命令"各自为战"。但杜马罗尔缺乏主动攻击精神，在前卫徘徊，请求具体指示。在鏖战中，舰队司令维尔纳夫自顾不暇，哪能管他。直到下午两点才命令杜马罗尔支援自己受压很大的中央。不巧，风停了，杜马罗尔为舰队的调头又伤透脑筋。最后，他把十艘军舰编成两队投入反击。当时，联合舰队败局已定。不管形势的恶化，杜马罗尔还是打到了最后。经过一番炮战，法舰"圣奥古斯丁号""拉约号""英提皮德号"及西班牙军舰"海王星号"(作战双方各有一艘"海王星号")向英国舰队投降。法国将军杜马罗尔乘旗舰"恐怖号"连同"蝎子号""布朗山号""杜高陶因号""英雄号"等舰艇逃走。10月21日下午四点半，震天的炮声静默了，硝烟也渐渐散尽，海鸥重新飞回这片被血染红的海面，惨烈的特拉法尔加海战落幕了。

整个特拉法尔加大海战中，英军死449人，伤1214人(据英方记载)。法国西班牙联合舰队的33艘战列舰中：12艘被俘；一艘着火；七艘彻底丧失了战斗力；九艘逃往加的斯；四艘逃向直布罗陀。当夜，大西洋起了罕见的大风暴，狂风恶浪一连四天。联合舰队的一些伤船在风暴中沉没了。估计法西联军死伤约7000人，被俘约7000人。

10月27日，英国海军中尉拉皮罗提尔乘一艘名叫"皮克尔号"的快船回国报捷。他在朴次茅斯上岸后，连换19次马奔回伦敦。拉皮罗提尔见到英国海军部长的第一句话是："报告！我们获得了一次伟大的胜利，但是却丧失了纳尔逊勋爵！"

俄国、土耳其阿索斯海战

阿索斯海战是俄国分舰队同土耳其舰队于1807年7月1日在爱琴海上阿索斯半岛附近进行的一场海战。

1805年8月英、俄、奥等国家再次组织第三次反法联盟,反法战争再次爆发。俄国再次表现出对地中海的特殊兴趣。1805年10月,德米特里·尼古拉耶维奇·谢尼亚文奉命率领一支分舰队离开波罗的海去地中海,他的任务是占领亚得里亚海东岸地区,把法国势力排除在巴尔干半岛之外,防止法国与土耳其结盟。谢尼亚文的这支舰队曾在朴次茅斯停留以补充给养和进行修整,于1806年2月到达地中海中部,使俄国舰队有所增强。

海洋战争

1806年12月，土耳其在拿破仑的怂恿下首先向俄国宣战，俄国与土耳其战争(1806～1812)再次爆发。俄国指挥部于1807年初制定了对土耳其首都君士坦丁堡从两方面同时实施突击的计划：由海军中将谢尼亚文的分舰队和海军上将J·达克沃斯率领英国海军分舰队联合一起从爱琴海方面进行突击，海军少将C·A普斯托什金指挥的另一支俄国分舰队从黑海方面进行突击。

海军上将谢尼亚文率领八艘战列舰和一些其他舰只离开科孚岛，于1807年3月7日到达达达尼尔。

谢尼亚文没有足够的兵力对君士坦丁堡发起顺利攻击，因此他决定封锁达达尼尔海峡，切断地中海各港口对君士坦丁堡的粮食供应，迫使土耳其舰队驶出达达尼尔海峡，使其不得不在大海上应战。1807年3月22日，俄军登陆兵攻占特内多斯岛(距达达尼尔海峡15海里)作为自己的舰只停泊地，并实施逼近封锁。

大约有一个月之久，俄国人企图用猫捉老鼠的办法诱使土耳其舰队离开海峡。5月19日，土耳其舰队

终于冒险驶出海峡。谢尼亚文从特内多斯后撤，企图引诱土耳其人离开海峡更远，然后切断他们的后路，可是最初遇到逆风。5月23日，风向有利于俄国人。但土耳其人急忙驶向达达尼尔海峡，结果22日夜在海峡口一带发生了一场混战。这次战斗的结果明显有利于俄国，但不具有决定性，也没有使土耳其人受到损失。六月里，谢尼亚文继续采取封锁战术，企图诱使土耳其船只驶出达达尼尔海峡。俄国的封锁终于产生一些效果：由于君士坦丁堡食物奇缺，土耳其近卫步兵叛乱，新苏丹塞利姆二世继位。为了打破俄国人的封锁，土耳其分舰队（十艘战列舰、五艘巡航舰、三艘轻巡航舰、两艘辅助船，1196门火炮）在赛义德 阿里指挥下于6月22日驶出达达尼尔海峡，企图占领特内多斯岛——俄国舰队用以封锁达达尼尔海峡的主要海军基地。

俄国分舰队司令谢尼亚文海军中将率领十艘战列舰、一艘巡航舰、一艘辅助船以及一支希腊中型武装船队（共754门火炮），企图以佯动诱使土耳其分舰队驶出达达尼尔海峡，然后断其退回海峡的后路。6月27日，当俄国舰队驶至伊姆罗兹岛附近海域时，土耳其分舰队正驶近特内多斯岛并炮轰要塞。次日，土耳其从安纳托利亚高原沿岸调来7000人登上该岛，开始围攻要塞。6月29日，俄国分舰队驶向特内多斯岛。土耳其分舰队发现俄国分舰队向该岛接近后，立即撤到海上，向西驶去。谢尼亚文向北航行，企图把自己置于敌方舰队和达达尼尔海峡之间。7月1日早晨，他看见土耳其人在伊姆罗兹西端附近，完全在下风处。这种形势终于给他提供了所期待的决战机会。

谢尼亚文的进攻计划是：占领上风位置，首先攻击敌三艘旗舰，对每一艘旗舰都用两艘俄国军舰从一舷进行突击，从而使俄方在炮火上占有巨大优势。俄国其他军舰的任务是：支持对敌旗舰发起攻击的俄舰，阻止土耳其舰队的其他兵力支援旗舰。所以考虑首先集中力量攻击敌旗舰，是因为土耳其海军人员的心理特点是：只要旗舰不在，就不再顽强战斗。具体做法是：以两列舰只向前推进，每列由五艘战列舰组成，北面一列由谢尼亚文指挥，另一列由海军少将格雷格指挥。第一批进行攻击的六只军舰"配对"组成三个战术群(每群两艘军舰)对土耳其的三艘旗舰进行攻击，同时俄国的后卫舰也"成对地"去对付土耳其的前列舰只。

7月1日上午九时，三个战术群按照谢尼亚文的信号向土耳其旗舰接近，到能发射霰弹的射距时便展开了激烈的炮战。另外两个战术群在谢尼亚文指挥下包围了土耳其舰队前卫的先头舰只，并进行攻击。谢尼亚文的旗舰领先攻击最前面的土耳其军舰，使其受到毁灭性打击，土耳其阵线陷入混乱。十时，受到严重损坏的土耳其主要舰只开始退却。12时左右，土耳其舰队的后卫企图支援旗舰，但遭到俄国军舰的攻击，支援企图未获成功。下午，土耳其人全线退却。正当这时，风力减弱，谢尼亚文暂时停止行动，争取时间修理船只。当风力又大起来时，俄国人继续追击，当夜赶上并捕获土耳其副司令的旗舰。第二天早晨，海军少将格雷格率领四艘战舰追赶土耳其三艘军舰并迫使其在阿索斯山附近搁浅，土耳其人自己将其烧毁。土耳其舰队有几艘受到严重损伤。土耳其舰队的另外两艘在驶往达达尼尔的路上，沉没在萨莫色雷斯附近。

在阿索斯海战中，土耳其人共损失三艘战列舰，四艘巡航舰、一艘轻巡航舰，人员伤亡共500余人。俄国军舰无一损失，人员伤亡260余人。

在整个拿破仑战争期间，俄国海军曾两次进入地中海，急欲在此海域扩大自己的势力，并表现出它具有相当海军实力。但终因国力有限，战线太长，对海军重视不足，没有能在地中海站稳脚跟。控制地中海的仍是英国。

中日甲午海战

中日甲午战争是日本发动的第一次大规模侵略朝鲜与中国的战争。战争在海上和陆上同时展开。中日海军争夺制海权的斗争，在整个战争中占有极重要的地位，同时，在海军学术发展史上也占有不容忽视的地位。

1874年5月，日本借口琉球船民于1871年遭台湾土著居民杀害一事，发动了侵略台湾的战争，虽然这次冒险以军事失败告终，但软弱的清政府却屈从日本，与日本签订《北京条约》，承认琉球人遇害是"日本国民遇害"，把日本侵略中国领土台湾说成是"保民义举"，为日本吞并独立

的琉球提供了根据。

1876年1月日本派出海军陆战队到朝鲜，威逼朝鲜屈服，1876年2月26日迫使朝鲜签订第一个不平等条约《日朝修好条规》，即"江华条约"，首先打开朝鲜大门。从此，日本在朝鲜获得了一系列特权。

到19世纪80年代，随着国力增强，国内阶级斗争日益尖锐，日本迅速走上侵略亚洲各民族的军国主义道路，积极备战，一步步地制造事端，蓄谋挑起侵朝、侵华战争。

1894年7月24日，中国舰船"爱仁""飞鲸""威远""济远""广乙"，先后到达朝鲜。当天，护航舰只决定立即返回天津，船小速度低的"威远号"于当晚11时先行返舰。25日拂晓，"济远""广乙"二舰自牙山启舰。两舰驶至丰岛海面，遭到日舰"吉野号"的突然袭击。"济远""广乙"被迫还击，日本发动的丰岛海战揭开了中国甲午海战的序幕。

1894年8月1日，中日双方正式宣战，中日甲午战争正式开始。

1894年8月5日，日军大本营制定作战计划，将整个作战分为两期。第一期作战，将第五师派往朝鲜，以牵

制清军。舰队则引诱中国舰队出海，夺取制海权。第二期作战，视海战结果而定，共有三个方案：甲，如能取得制海权，则逐次输送陆军主力从山海关登陆，在直隶平原进行决战；乙，若未掌握制海权，但清海军也没能控制日本近海时，则陆军开进朝鲜，力求扶植韩国"独立"；丙，如海战失利，制海权落入敌手，则采取各种手段增援在朝鲜的作战部队，同时陆军主力在日本做好防备，等待敌人来袭，将其击退。

从上述计划可以看出，日军大本营对胜利并无把握，因而作出多种准备，但从总体上看，是一个积极的攻势作战计划，而且把握住了这次战争的关键，即制海权。

而中国方面，主持这场战争的北洋大臣、直隶总督李鸿章并没有制定出一个像样的计划，而且比丰岛海战前更加坚持消极防御的方针，坚持"避战保船"。李鸿章这种错误方针，恰好为敌所用，日本积极实现其第一期作战计划。首先，日本海军利用清海军自身束缚于渤海湾内的形势，由本土把增援陆军运送到朝鲜战场，准备进攻平壤。其次，对联合舰队原有编队进行了适当调整，以增强机动能力，其阵容是："松岛"（旗舰）、"严岛""桥立""千代田""扶桑""比睿"六艘为本队；"吉野"（旗舰）、"秋津洲""高千穗""浪速"四艘为第一游击队；其他各舰组成第二、第三游击队和本队附属队。其中本队和第一游击队为联合舰队主力。

经过一个多月的准备，大量陆军运到朝鲜，日军完成进攻平壤的战役准备。日海军转而采取战略攻势，即寻找北洋海军主力进行决战，夺取黄海制海权，切断北洋海军对驻平壤清军的海上增援，配合陆军夺取平壤。日海军军令部长桦山资纪亲自来到联合舰队驻地(长直路)，敦促联合舰队司令长官伊乐枯亨尽快率部出击。9月13日桦山资纪命令伊东亨向大同江口搜索前进，寻找北洋舰队主力进行决战。原来对与北洋舰队一直持慎重态度的伊东枯亨终于下定决心，9月16日率部从泊地(小乳毒县角)出发，开往黄海北部，寻找北洋舰队进行决战，夺取制海权。

由于日军不断增兵朝鲜，中国陆军已处于明显的劣势，平壤形势十分险恶。清政府决定向朝鲜增派援军，为了保证安全，李鸿章决定加强护航舰队的力量，电令丁汝昌率北洋海军主力护送运兵船将援军从大连湾鸭绿江口西面的大东沟（今辽宁东沟）登陆，然后援军取陆路入朝。9月15日，丁汝昌在旅顺会齐舰队。但9月15日，日陆军向平壤发起进攻，同一天天皇率大本营移住广岛，以示决心，16日，平壤陷落。丁汝昌对此全无所知，仍按原定计划，于16日指挥护航舰队护送运兵船起锚向大东沟进发。当天下午舰队到达大东沟口外，所运步兵按预定地点登陆，至17日晨八时登陆完毕。九时北洋舰队开始例常战斗操演，10时30分操演结束，各舰准备午饭。

9月16日，伊东祐亨在大同江口的渔隐洞临时根据地获悉北洋舰队的活动情报，立即进行部署，当天下午五时，下令舰队起锚进发，日海军军令部长桦山资纪海军中将乘坐由商船改制的巡洋舰"西京丸"随舰队视察战况。9月17日拂晓前，日本舰队驶抵距大东沟130千米的海洋岛，随后继续向大鹿岛方向搜索前进。约上午11时30分中日舰队相互发现对方。

发现北洋舰队后，伊东下令午餐，12时05分，下令备战。联合舰队组成鱼贯纵阵（即单纵阵），由"吉野号"（旗舰）"浪速号""高千穗号"和"秋津洲号"四艘快速巡洋舰组成的第一游击队作为先锋，准备先作中心突破。第一游击队由坪井航三海军少将指挥，其平均航速为19节，由伊东祐亨指挥的本队六舰"松岛""千代田号""岩岛号""桥立号""比睿号"和"扶桑号"成纵列紧随其后。"赤城""西京丸"列入非战斗队列，置于战阵左侧。联合舰队以十节航速向北洋舰队航进。战斗前夕，伊东赖亨下令"准士兵随意吸烟，以安定心神"。

发现敌舰后，北洋舰队提督丁汝昌即传令各舰抓紧时间用午饭，并以信旗呼唤远泊他处的战舰火速赶来加入战阵。广大海军将士士气高涨，渴求一战，一雪"广乙""高升"之耻，迅速进入战位。丁汝昌当即决定大东沟口外的十艘军舰，分为五队，列犄角鱼贯小队阵（或夹缝鱼贯小队阵），以五节航速迎敌。

当接近敌舰时，丁汝昌判断敌舰采用一字竖阵意在直取中央，这种阵形不利于自己后继八舰舰首重炮的威力,而这又正是北洋舰队之火力优势所在,遂决定改变原来队形,采用"人字阵"(或燕剪阵,或V字形阵)。"定远"居中,其右翼为"镇远""来远""经远""超勇""扬威"五舰,左翼为"靖远""致远""广甲""济远"四舰。旗舰"定远号"率先加速迎敌,航速七节。

9月17日12时50分,双方舰队相距5300米时,"定远"舰主炮首先发射,打响黄海海战第一炮,相距5200米时,"镇远号"开炮,各舰亦相继射击。12时55分,双方相距3000米时,日本第一游击队旗舰"吉野号"开炮还击,黄海海战正式展开。

战斗开始后,日第一游击队率先向北洋舰队较为薄弱的右翼发起猛攻,但在其转向时却暴露在"定远""镇远"炮火之下,"吉野"等四舰均遭炮击,跟进的"西京丸"亦被击中。日第一游击队加快速集中火力猛攻"超勇""扬威"。同时,北洋舰队"定远""镇远"各舰调整阵位,以舰首主炮攻击日本联合舰队本队,双方展开激烈炮战,不幸,北洋舰队旗舰"定远"望台被击中,提督丁汝昌受伤,无法指挥。总兵管带(舰长)刘步蟾代为督战,指挥前进。北洋舰队最右侧之"扬威"与"超勇",航速低,无装甲,攻防能力俱差,屡遭日第一游击队的抵近攻击,相继中弹,退出战斗。开战30分钟后,即下午1时30分左右"超勇号"沉没,"扬威号"被迫向大鹿岛方向退却,中途搁浅。不久即沉没。下午二时左右,原在大东沟外担任警戒任务的"平远""广丙号"和鱼雷艇前来参战,由于火力较弱,没起多大作用,"平远号"被击中起火,只好脱离战场,"广丙"管带则趁机逃避。

同时,下午1时25分左右,由于日方阵势疏漏,北洋舰队将日本舰队本队截成两段,航速低的"比睿""扶桑""西京丸""赤城"四舰落在后面,遭到痛击,"赤城"舰上军官大都死亡,舰长坂元太郎被击毙,舰蒸气管破裂。"西京丸"被击中起火,又遭鱼雷艇袭击,险被击沉,仓皇退出战斗。伊东赪亨见势不妙,急令航速高的第一游击队回救。正向东北航向前进的日第一游击队发现信号后，立即掉头进行穿插机动，将处境危险的"比睿号""赤城号"与北洋舰队隔开。伊东祐亨利用第一游击队与北洋舰队正面对峙之机，将日舰队本队运动于北洋舰队之侧后，形成对北洋舰队共同夹击之势。从此，形势逆转，北洋舰队腹背受敌，处境极为不利。

面对险恶形势，北洋舰队爱国官兵英勇奋战。丁汝昌虽身负重伤，仍拒绝进舱躲避，坐于甲板上"激励将士，同心效命"。副将邓世昌指挥的"致远号"，勇冠全军。"致远号"首先冲出阵列保护旗舰，在日舰"吉野"等四舰围攻下，孤舰奋战。最后，弹药将尽，巧与"吉野"相逢，便开足马力，向吉野冲去。"吉野"惊慌中连发数枚鱼雷，"致远"不幸被鱼雷击中，于下午3时30分沉没。邓世昌与全体官兵同时落水，随从持救生圈来救，邓世昌拒不接受坚持自沉，爱国将领邓世昌实现了自己与舰共存亡的誓言，时年仅46岁。林永升指挥的"经远号"在硝烟炮火中往来冲杀，奋勇摧敌，在敌四艘军舰环攻之下"拒战良久"，但不幸中弹起火，全体官兵继续战斗，直到"经远"沉没。同时，"济远""广甲"相继脱离战阵。"广甲"舰在大连湾三山岛外触礁搁浅，次日为日军击沉。"济远"退回旅顺。

至下午三时，北洋舰队中的"超勇""扬威""致远""经远"先后沉没，"济远""广甲"相继退出后，力量对比更加不利于北洋舰队。北洋舰队只有"定远""镇远""靖远""来远"四舰，而敌方尚有九艘战斗力强的舰只参战。北洋舰队四艘军舰被日本联合舰队分割包围。日联合舰队本队的"松岛""千代田""严岛""桥立"和"扶桑"五舰围攻"定远""镇远"，日第一游击队"吉野""高千穗""秋津洲"和"浪速号"四舰围攻"靖远""来远"。在更加险恶的处境中，北洋四艘舰英勇顽强奋战多时，"来远""靖远"二舰，相互依恃，奋力抗击日舰的疯狂进攻，下午3时20分两舰均遭重伤，两舰管带在危急关头，沉着冷静，冲出重围，向大鹿岛方向边战边撤，一面加紧抢修军舰，一面吸引日舰，以减轻"定远""镇远"的压力。

在敌舰围攻下，总兵刘步蟾代为

督战，指挥十分出色，"定""镇"二舰互为依托，进行顽强抗击，虽然二舰受到严重破坏，官兵仍同心同德，寸步不让。下午3时30分，"定远"舰击中联合舰队旗舰"松岛号"下甲板炮台的第四号炮，并引发附近的火炮装药爆炸。一声巨响，火光冲天，船体立即倾斜，炮台指挥官海军大尉志摩清直以下死伤100余人。"松岛"遭此致命一击，丧失指挥和作战能力。此时，"扶桑号"也已重伤退出战斗，本队其他三舰也受伤多处，日第一游击队四舰又远离本队，去向不明。伊东枯亨见此情景于下午4时10分发出"各舰随意行动"的信号，并将"桥立"改为旗舰，逃向东南。

4时10分，"定远""镇远"二舰尾随追去，日舰被迫应战。约五时许，"靖远""来远"二舰修竣归队。"靖远"管带叶祖圭见"定远"桅楼被毁，无从指挥，便代替旗

舰升旗收队。同时,"来远""广丙""镇南""镇中"诸舰和鱼雷艇均回队参战。北洋舰队力量立即大增,开始处于主动和有利态势。伊东枯亨见形势不利,便发出"停止战斗号"令,并令第一游击队返航。5时30分,伊东赖亨率本队向东南退去,第一游击队随后赶来。

"靖远"舰升旗集结,尾追日舰数里,但因敌舰开足马力,无心再战,难以追及,只好收队驶回旅顺,历时五个半小时的黄海大战至此结束。

黄海海战是中日海军的第一次大搏斗,是双方基本上有准备的一次决战,在这样一场大搏斗中,中国北洋舰队广大爱国官兵进行艰苦卓绝的斗争,其英勇顽强的斗争精神,当时即赢得了中外评论家的称赞,但是北洋舰队广大官兵的英勇斗争并没有换来胜利,北洋舰队在这次战斗中反而受到了沉重打击。

中日甲午海战中,清政府耗资巨大,惨淡经营的北洋海军全军覆没的悲剧,主要是中国经济落后,政治腐败造成的。

中日甲午海战,特别是黄海海战,在世界海军学术发展上占有重要地位。这场海战是世界第一次蒸气巨舰舰队之间规模空前的海上战斗,其战术应用立即受到普遍关注和热心研究,在随后发生的日俄战争再次证明了大型舰队更需注重发挥战术上的机动灵活。在威海海战中,日军实施了"海战史上第一次由鱼雷艇进行的夜袭",先后击沉了北洋舰队的"来远""威远"和"宝筏"舰船三只,重伤北洋舰队巨舰"定远号"。这就说明,海军轻兵力的运用和防御是海军学术上不应忽视的一项课题。

俄国太平洋舰队的覆灭

中日甲午战争曾被人比喻为"中国之死势力,俄国之潜势力和日本之活势力,合演一出新奇戏剧,驱欧洲诸强国而入东洋舞台"。"马关条约"刚一签字,俄国之潜势力立即也变成了活势力。1895年4月17日(中日签约之日),俄国、德国和法国便秘密议定迫使日本交出辽东半岛,4月23日,三国正式向日本提出"劝告",5月5日日本被迫表示接受"劝告",随后与中国清政府签约归还辽东半岛,由清政府另外偿付日本库银三千万两。从此,日俄展开了激烈的争夺,争夺的主要地区是朝鲜和中国的东北。

1904年6月23日,日本召开决定对俄采取强硬政策的御前会议,除天皇外,出席会议的有五名元老和四名

主要内阁成员。会议决定:"鉴于俄国背信弃义,拒不从满洲尤其是从辽东半岛撤兵,日本应利用此机会解决数年来未能解决的朝鲜问题。""不管是遇上什么情况都不得将朝鲜领土哪怕是一部分割让给俄国。""谈判在东京进行",从此,日本频频发起外交攻势。于1904年8月12日,10月31日,12月23日,1905年1月16日先后四次向俄国提出提案和照会。

俄国自然不会在日本外交攻势面前退让,同时也开始准备战争,开始在旅顺和辽阳地区集结陆海军,又把阿穆尔州和关东州合并为远东区,由阿列克赛也夫任总督,统一军政指挥。

1904年2月1日,日本大山岩参谋总长谒见并上奏天皇说,当务之急乃迅速开战,以期获得先机制敌,拖延只对敌人有利。2月4日上午召开内阁会议,下午召开御前会议,决定开战。日本故技重演,不宣而战。御前会议一结束,即2月5日,首先为在朝鲜作战,向第一集团军各部队和沿海各要塞下达了紧急动员和部署的命令。同一天,2月5日19时,海军大臣向日本联合舰队发出出击命令。2月6日凌晨一时,东乡将各队指挥官召集到旗舰"三笠号"上,传达了出击命令,并下达了联合舰队的第一号命令:"我联合舰队即刻由此开往黄海,以歼灭旅顺口及仁

川港的敌舰队。瓜生第四战队司令官率第四战队及'浅间号'和第九、十四两舰队歼灭仁川之敌,并掩护陆军在该地登陆。第一、二、三战队及各驱逐队直接开赴旅顺口,驱逐舰要乘夜首先袭击敌舰,舰队于翌日进行攻击。此战关系国家安危,诸君务必努力。"

2月6日当天,联合舰队从佐世保起航,东乡率领第一、二、三战队直奔旅顺港,于2月7日夜至八日凌晨,日本鱼雷艇向停泊在旅顺港外的俄国舰只发起了鱼雷攻击,重创了俄国二艘战列舰和一艘防护巡洋舰,揭开了战争序幕。这一攻击立即使俄国旅顺分舰队陷入混乱,原来这天晚上,舰上大部分军官都到了舰队司令官邸参加舰队司令施塔克将军夫人的命名日的舞会。2月9日,日本第四战队截击了俄国在仁川的舰只。

2月6日,向俄国发出了最后通牒,宣布与俄断交,2月10日两国几乎同时宣战,战争正式爆发。

日俄战争中,陆上会战与海上交战同时进行,争夺制海权的斗争具有特殊重要性。战争从双方宣战(1904年2月10日)正式开始,至双方签订和约(1905年9月5日)结束。从战争爆发至旅顺口被日军攻陷是战争第一阶段。在这个阶段中,在陆上曾发生鸭绿江会战(1904年4月底、5月初)、辽阳会战(1904年8月24日-9月3日)和沙河会战(1904年10月5日-10月17日)。其间双方争夺旅顺要塞具有全局决定性的地位,结果,日军攻陷旅顺,俄国驻旅顺分舰队被消灭,日海军取得制海权。

从整体上看,俄国各方面力量都比日本占有相当优势。俄、日双方政府岁入是10∶1,人口是3∶1还强,疆土面积几乎是60∶1,俄国陆军常备军总兵力约105万,日本仅有19万,俄国的海军经费总数为1230万英镑,日本海军经费总数为250万英镑,海军总吨位,俄国几乎占3∶1的优势。

但在远东地区,双方直接接触的力量对比上,日本却处于有利地位。俄国陆军90%(大部分是精锐部队)部署在西部地区,远东只有正规陆军十万人。据日本估计,由于西伯利亚铁路运输能力有限和远东供应能力有限,俄国能够用于远东之兵力,最多不会超过25万,大体

兵力对比

舰　种	日　本	俄国（远东）
战列舰	6艘	7艘
装甲巡洋舰	6艘	4艘
巡洋舰	10艘	10艘
炮　舰	7艘	7艘
驱逐舰	19艘	25艘
鱼雷艇	30艘	15艘
合　计	78艘	68艘

与日军兵力相当，而战争初期，日军兵力可达俄军之两倍。在海军方面，日本比俄国太平洋舰队在数量上也占有一定优势如下：

开战后不久，日本又从意大利购进两艘装甲巡洋舰，排水量各为7700吨，改名"日进号"和"春日号"，编入联合舰队的第一舰队。俄国想从智利购买的两艘新的战列舰反而被英国抢先买去。除数量优势外，海军其他方面的优势也全在日本方面。俄国的舰只是在俄国、法国、德国和美国制造的，而日本的舰只大都在英国制造，在设计、设备和性能都远比俄国的更现代化、更先进。日本14艘战列舰和装甲巡洋舰的舷炮总射击力为37600磅，俄国的11艘为26500磅。海岸设施和供应方面日本更有明显优势，日本的四大海军基地横须贺、佐世保、舞鹤和吴港都有大船坞，在日本南部，澎湖列岛和对马岛有三个主要的补给仓库。俄国在远东的一个海军基地海参崴（符拉迪沃斯托克），其设备属于二流，另一个旅顺确系一流要塞，配有四万重兵防守，但到战争爆发时，尚未完成设防计划，驻在这里的太平洋舰队很少出海训练，舰炮和要塞从未作过联合演习。这两个基地相距约15000海里，很难做到相互补充和支援。两国海军的主要差别在于人员素质，日军官兵充满武士道精神，绝对忠于天皇，训练严格，纪律严明，俄国海军军官多是一些平庸之辈，士兵待遇低劣，充满不满情绪。

日联合舰队的第四战队2月17日下午4时30分即离开主力舰队驶向仁川海域。俄国巡洋舰"瓦良格号"和炮舰"朝鲜人号"停泊在仁川港。日

本装甲巡洋舰"千代田号"自1903年4月以来即在仁川执行巡逻任务监视俄国人，八日与日本第四舰队会合。九日晨六时，日舰队掩护陆军登陆，七时，第四舰队指挥官向俄国舰船发出最后通牒，中午12时许，"瓦良格"巡洋舰高挂战旗，军乐大奏驶出港外，"朝鲜人号"紧随其后，日本人首先施放鱼雷进行攻击，随后俄舰发炮还击，双方开始炮战。交战约50分钟后，俄舰因寡不敌众，损坏严重被迫退回港内，俄军官死伤五人，士兵死伤104人。当日下午4时-6时，俄两艘军舰自焚，"火势炎炎""情景凄绝"，随后运输船"松花江号"亦自焚于仁川港内。

与此同时，东乡平八郎率领联合舰队主力向旅顺的俄国太平洋舰队发起连续进攻。如前所述，2月7日夜至8日凌晨，日本首先用鱼雷艇向俄国舰队发起突然袭击。2月9日上午，东乡率领第一、二、三战队和一个驱逐舰分队向停泊在港外的俄国军舰发起进攻，俄国舰队在岸上炮火支援下，与日本舰队展开了第一次全面接战。在半个小时的远距离炮击战中，双方人员损失大致相等，均无舰只沉没。但俄国几艘舰只受伤较重，修复需以时日。日海军这次进攻之后，海战实际变成了消耗战。

东乡除了派出驱逐舰进行袭击外，还先后于2月24日，3月27日和5

月3日三次进行沉船堵塞港口，企图把俄国舰队禁锢在港内。第一次，日本海军省花费20余万，购买商船五艘，共约一万余吨，"尽撤船中之物，仅留锅炉机器等件，满载土石，以备堵塞之用。部署既定、堵塞令下，舰队中敢死士兵愿应募者，二千人。至有以血书请者。其后海军中佐有马良橘等76人当选，意气飞扬，不可一世，不得与者，咸以为憾"。敢死队在密集炮火下驾船逼近旅顺，沉船堵口。先后三次，共沉船21只。但这种战术并未产生多大效果。与此同时，日本舰队还采取了间接炮轰法，即隔着中间的矮山向港内俄国军舰开炮。但这种战术同样属于徒劳。

正当东乡所采用的办法屡屡无效之际，俄国方面出现了一线希望和转机，2月17日俄国太平洋舰队司令施达克被免职，由杰出的海军将领斯杰潘·O·马卡洛夫(1848~1904)接替，这位农民出身的海军将领不仅是海军哲学家，而且获得了名符其实的海洋学家、科学家、发明家和著作家的称号。曾屡次创造众所瞩目的奇迹。他治军有方，深得众望。他虽然直到3月8日才到任，但"亡羊补牢"。"用多才多艺的马卡洛夫替换无能的施达克是沙皇在整个战争期间采取的少数几个真正建设性步骤之一。"他到任后立即采取一系列紧急补救措施，而且短短几周便产生了奇效，完全恢复了俄军士气，提高了各方面的效率和舰队的攻、防能力。从3月22日起，俄国舰队几次打退日军进攻，从4月11日起一反过去消极防御战略，马卡洛夫亲自率领舰队主动出击。但在，13日作战中，马卡洛夫所乘"彼得罗巴甫洛夫斯克号"无意触发水雷，马卡洛夫及600余名官兵随舰沉没。马卡洛夫之死使俄军士气大受打击。

日俄双方从三月份开始加紧布雷活动，展开水雷攻势，并都取得了可观战果。4月13日马卡洛夫旗舰触雷那天，俄舰"胜利号"也撞上一枚水雷，右舷吃水线以上被炸开一个洞，船身严重倾侧，勉强驶回港内。第二天，日本巡洋舰"春日号"被水雷炸毁，小巡洋舰"妙高号"被炸沉。在整个五月份，进攻的日舰不断触雷，特别是5月15日，日本遭受了重大损失，战列舰"初濑号"被两枚水雷炸沉，损失490人，另一艘战列舰

"存日号"也触了雷,但在其下沉之前总算勉强摇摇晃晃地开走了,该舰死伤情况一直隐瞒到战争结束。交战期间,以旅顺口为中心半径30海里以内,双方所布小水雷区可能多达400多处。俄国水雷在旅顺港被围攻的最后阶段仍不断取得成果,12月日本的巡洋舰"高砂号"和"济远号"被炸沉,"朝日号"被炸伤。总共约四万吨的十艘日舰毁于水雷,其中包括两艘战列舰,四艘巡洋舰,一艘鱼雷快艇和一艘布雷舰。俄方毁于水雷的舰艇共六艘,其中包括一艘战列舰,一艘巡洋舰,两艘驱逐舰,一艘鱼雷快艇和一艘炮艇,约22000吨。

马卡洛夫死后,接替他的维特甫特毫无异议地接受上级为他规定的消极政策,采取舰队不活动方针,无所作为地深藏不出。但在此期间,俄国的海参崴分舰队却发动了几次成功的突然袭击。这支分舰队拥有大型装甲巡洋舰"留里克号""俄罗斯号"和"格罗莫鲍伊号",防护巡洋舰"勇士号"和少数鱼雷快艇。开战以来,日本先后派第三和第二舰队来对付俄国分舰队,但并没有取得多大战果。俄国舰队却神出鬼没地对日本商船和交通进行破坏。4月25日,俄国人突然袭击朝鲜元山,击沉日本运兵船"金州丸",日本百余名陆军官兵丧生,6月12日和20门,俄国巡洋舰击沉日本三艘运兵船"常陆丸""佐渡丸"与"和泉丸",日军官兵死亡甚众。7月19日,俄国舰队离开海参

崴，穿过津轻海峡进入太平洋，沿日本东岸巡航一直到江户湾以南海面，击沉和俘获了八艘日本商船，8月1日返回港口。俄国鱼雷快艇有时伴随舰队出航，有时单独行动。上村彦之丞海军中将所率第二舰队曾多次企图截击俄国舰队，但俄国人都成功地逃脱了。俄国人的袭击活动是以舰队为单位进行的。如果采取单个舰只独立作战形式，可能会取得更大战果。

4月30日，俄国决定派出波罗的海舰队来远东增援。日军须赶在波罗的海舰队到来之前消灭俄国太平洋舰队。旅顺已成为日本的首要战略目标。从五月底开始，日本开始加紧进攻旅顺。日军大本营决定起用悍将乃木希典为司令，编成第三军，专门攻打旅顺。同时东乡对旅顺实行全面封锁，宣布整个辽东半岛水域为战区，拦截中立国船只。从此，日俄双方展开了激烈争夺旅顺的战斗。日军包围攻打旅顺的兵力达六万人，火炮400门，机枪72挺，海军以52艘舰艇封锁港口，俄国守军也从两万增至四万，火炮646门，机枪62挺，海军有38艘舰艇。乃木希典采用"肉弹"战术，不惜任何伤亡，拼命向前推进。东乡在港外严密监视俄舰队突围。1904年6月23日，俄国舰队企图突围，设法逃往海参崴。由于要进行扫雷，被日本察知，使东乡有充分的作战准备。当天下午六时半，俄国舰队与日本舰队相遇，俄国舰队掉头驶回港口，东乡命令鱼雷艇进行夜袭。在短暂夜战中，双方均未击中目标，但俄国战列舰"塞瓦斯托波尔号"撞上一颗水雷，炸成重伤。

俄国舰队司令维特甫特在沙皇和远东总督严令催逼下，决定于8月10日离开旅顺，撤向海参崴，从而发生了8月10日之战。8月10日上午8时30分，俄国舰队由扫雷舰开路驶出港口，由六艘战列舰、巡洋舰和十艘驱逐舰组成。由于俄国舰只出港需要五个小时，所以东乡有充裕时间把自己舰队集中起来。日本舰队由八艘主力舰——四艘战列舰，四艘装甲巡洋舰组成。在小型舰只方面日本占有压倒优势，仅鱼雷艇就有60到90艘。

俄国舰队离港后驶向东南，想绕过朝鲜，然后驶往海参崴。在下午一时左右，在距旅顺口约30海里处，遭日舰拦击。开战后，俄国舰队被迫转小圈子绕行，于是便偏离了逃往海参崴的航线。交战的最初几个小时内，俄国舰队还略占上风。日本的大口径火炮有16门被击毁，俄国只损失四门大口径炮。但下午6时37分时，一颗炮弹打中了俄国旗舰"太子号"的司令塔，舰队司令维特甫特阵亡。"太子号"被迫调转方向返回旅顺，整个舰队陷于混乱，到晚上7点30分时，俄国舰队实际已被包围。但在混战中，只一艘战列舰受伤。俄国所有舰只先后都逃出包围圈，战列舰"太子号"以四节的航速摇摇晃晃地驶入德国人占据的胶州，在那里被扣留。防护巡洋舰"女神号"冲出包围，逃到西贡，被法国人扣留。另一艘防护巡洋舰逃到上海避难。小巡洋舰"诺维克号"自沉在浅水滩。其他所有舰艇都重新逃回了旅顺港。现在留在旅顺港的五艘战列舰，两艘巡洋舰和12艘驱逐舰重新被封锁在港内，几乎没有再参与后来的战争。这场战斗，标志俄国人进一步丧失了制海权。

8月10日和14日之后，日本人加紧进攻旅顺。日本人在海上继续封锁，布雷和进行间接轰击，而俄国舰只(除布雷舰和鱼雷快艇外)很少冒险出港；同时，俄国人把越来越多的炮手和火炮调到岸上，以支援陆上的防御。从此，双方争夺旅顺的斗争主要变成了陆战。

8月19日开始，日军向旅顺发起总攻，其时波罗的海舰队即将起程(10月16日)，日军大本营严令不惜任何代价攻下旅顺。经过多次血战，付出巨大的伤亡之后，日军于12月5日攻占"203"高地，开始以重炮俯射港内俄国军舰。1905年1月1日，旅顺俄军投降。仅六艘俄国驱逐舰和一些小型舰艇闯过了日本人的封锁，逃到中立国港口后被扣留。战列舰"塞瓦斯托波尔号"受到一群鱼雷快艇的攻击，一名俄国能干的舰长埃森上校把它沉入深水。其余舰艇多数被打沉在港内。日军占领旅顺后把这些军舰大多捞起来加以修复，把战列舰"波尔塔瓦号"改为"丹后号""列特维赞号"改为"肥前号""胜利号"改为"周防号""佩列斯维特号"改为"相模号"，把装甲巡洋舰"巴扬号"改为"阿苏号"，防护巡洋舰"帕拉达号"改为"津轻号"。

日俄对马海战

旅顺港的陷落，俄国太平洋舰队被消灭，无论对陆战和海战都产生了重大影响，成了整个战争的转折点，此后俄国已丧失了取得胜利的可能。

旅顺被日军占领后，俄国仍力图挽回败局，日本争取尽快取胜。战争进入第二阶段。日俄战争第二阶段，发生了两场大战，一是奉天(沈阳)会战(1905年3～10月)，另一个是对马海战。这两次失败之后，俄国最终获胜的希望更加渺茫了。

1904年，海军少将罗日捷斯特文斯基(后来航行途中升为中将)受命组织和指挥一支舰队去加强远东兵力，并恰如其分地命名这支舰队为太平洋第二分舰队。10月16日太平

洋第二分舰队离开利巴港，驶向波罗的海，开始漫长苦难的航程，走向毁灭的灾难。

罗日捷斯特文斯基并不像当时多数俄国将领那样是个平庸无能之辈，他在俄土战争中立有战功，诚实又具有不屈不挠的意志，勤奋而又铁面无私，但态度生硬，脾气暴躁，因而难以得到自己部下的爱戴。现在，他所领受的任务是率领这支舰队，航行18000海里，同旅顺的分舰队会合一起重新取得制海权，改变战争局面。

即使是最好的舰队要完成这样的任务也几乎是不可能的，更何况还存在着许多难以想象的困难。航程太长，生活条件极差，再加上士兵们毫无斗志。高级军官中不少是脑满肠肥的草包，有的不适宜热带航行而身染重病，第二分队司令海军少将弗尔克萨姆死于航行途中，可知这支舰队临战是一种什么状况了。列宁曾恰如其分地把这支舰队描写成："像整个俄罗斯帝国那样庞大，那样笨重、荒唐、无力、怪诞。"1905年2月18日沙皇政府派出由海军少将涅鲍加托夫率领的第三分队增援远东，两支力量在5月9日在越南万丰湾会合。

俄国舰队东调过程中，日本舰队进行充分、有效的迎战准备。首先，早在占领旅顺之后立即对舰艇进行维修和保养，给水兵休假，养精蓄锐。

日俄两支舰队之间，各种优势，有形的与无形的均在日本方面。虽然双方各有12艘主力舰，但整个舰队总吨位日本超过俄国，仅平均航速就高出两节多。火力也占优势，每分钟日舰可发射炮弹360发，总重量21949千克，俄舰队发射134发，8190千克，而且日本人炮弹所用初濑炸药爆炸力比俄国人的要猛烈得多，破坏力大得多。日本舰只的状况、性能也比俄国人的要好得多，如日舰经过检修和重新装备，便可达到一定航速，俄国舰只经过18000海里的磨损，严重超载，远不能达到规定的航速。日本在巡洋舰和鱼雷快艇方面居于压倒优势，前者双方是16：8，后者是69：9，日本人在自己基地附近作战，不受辅助舰的牵累，俄国人则受后勤船只拖累，影响战斗行动。更重要的是日本舰队训练有素，以逸待劳，士气旺盛，俄国舰队长途跋涉，士气低落。

日本联合舰队司令东乡平八郎，

根据俄舰队供应情况，司令官的性格推断，俄国舰队将直穿对马海峡奔向海参崴，于5月20日下令全舰进入战位。5月25日俄国舰队从台湾附近出发，26日到达上海附近，然后继续缓慢向北推进，没有派出快速巡洋舰去侦察，便于5月27日清晨进入对马海峡，陷入敌人的伏击圈。

5月27日清晨4时45分，日本辅助巡洋舰"信浓丸号"拍发"发现敌舰队"信号，5时5分，东乡平八郎命令全军出击，一个小时后，开始尾随敌舰，随后双方开始接近，但在相当长的时间内在射程之外，11时15分时双方轻型兵力之间有时交火，因为距离远，双方都没有击中。11时30分，罗日捷斯特文斯基，下令暂停射击，开始改变队形以利战斗，命令第一和第二分队把速度增加到11节，行驶到另一个纵队的前面。由于他没有同时命令另一纵队相应减速，队形一时大乱，两纵列相互拥挤。下午1时30分，俄舰尚未能排除混乱并形成单列纵队，日俄敌对双方相距已十海里远。1时55分，东乡平八郎发出"皇国兴亡在此一战，各员奋力努力"信号，下午2时5分，进行敌前大转向，力图抢占有利攻击阵位。罗日捷斯特文斯基急令旗舰"苏沃罗夫公爵号"开火(下午2时8分)，下午2时11分日旗舰"三笠号"在完成大转向后开炮射击，双方主力舰在相距6000米距离内全面开始炮击，战斗全面展开。

日本人用16分钟完成反方向行

进后，渐次采用抢占T字横头的战术穿过俄国舰队，一齐向俄国先头舰船攻击。在随后的战斗中，日舰队利用其速度上的优势，曾反复使用这种战术。在最初十几分钟内，慌乱的俄国舰队仍然向正在转向的日本舰队发起了猛烈的炮击，打伤了日本两艘装甲巡洋舰"出云号"和"浅间号"。但俄国人并没有能巩固和扩大最初战果。当日本人完成战术机动后，便逐渐开始占据上风。日本的巡洋舰和驱逐舰小分队绕到俄国舰队的尾后去攻击他们的巡洋舰和辅助舰，其主力舰向前进逼，把射距缩短为不到一海里，集中火力轰击俄国先头舰队。日本人的较高的射击速度和准确性以及烈性炸药炮弹的巨大破坏力很快产生效果。罗日捷斯特文斯基的旗舰"苏沃洛夫号"，在战斗一开始，便中弹累累，在下午2时30分，船舵被打坏，失去控制，约三时，罗日捷斯特文斯基受伤多处不省人事，"苏沃洛夫号"全部上层结构被轰成一堆废物，被迫向东北方向摇摇晃晃开去。同时，第二分队名义上的旗舰"奥斯利亚比亚号"（因其司令海军少将已死）受重创，后来其舰首吃水线上被打开了一个大口子，海水涌了进来，船头下沉，约在3时30分沉没。900名官兵中约330名被驱逐舰从水中救出，其四处漂浮的破碎残物中还有弗尔克萨姆海军少将的密封的棺材。此后，俄国第一、第二分队的战列舰"亚历山大三世号""博罗季诺号""鹰号"和"西索伊维利基号"也先后受重伤。

与此同时，两支舰队的巡洋舰之间的战斗也在进行。巡洋舰之间的战斗约在下午2时45分开始，主要是在日本第三、第四分队与俄国第一巡洋舰分队和辅助舰只之间进行的，偶尔也有双方的装甲巡洋舰只参加进来。日本的第五、第六分队，俄国的第二巡洋舰分队没有参战。战斗中，日本三艘巡洋舰受重伤，其中一艘不得不返回港口。俄国的辅助舰被打得四处逃散，其中几艘起火焚毁。

至下午四时，战斗已进行近两个小时，俄国败局的迹象已经比较明显，战列舰中的两艘旗舰一艘沉没，一艘失去作用，其余大部分受损，通往海参崴的航道已被封锁，殿后的巡洋舰和辅助舰只陷入惊慌失措的混乱之中。日舰虽多次被击中，但基本保持开战时那样的完好状况。从四时至天黑前七时左右这段时间内,因交战双方的舰队在烟雾弥漫中常常失去接触,路线混乱,出现了混战场面。但基本在轻型兵力与轻型兵力、战列舰(包括新型装甲巡洋舰)与战列舰之间进行。

4时45分,日本的第五、第六分队投入战斗,向俄国轻巡洋舰发起进攻。不久,"斯维特拉娜号"即沉没。另一艘"顿斯科伊"虽又旧又慢,但英勇抗击了日本六艘巡洋舰的攻击,并击伤其两艘"浪速号"和"音羽号",后为避免被俘或投降于29日由自己船员在海岸附近凿沉。"奥列格号""阿芙乐尔号""珍珠号",企图向北突围未遂,便驶往菲律宾。这些舰只在那里被解除武装后,扣留到战争结束。失去巡洋舰保护的俄国辅助舰大都沉没或被俘。两艘医院船被俘,拖船"俄罗斯人号""乌拉尔号""勘察加号""伊尔季什号"沉没。

双方主力舰在下午4时45分,5时30分曾两次相遇。这时俄国舰只已受到重创,射击又慢又不准,再次受到严重打击。三艘战列舰在下午七时后相继沉没。千疮百孔的"亚历山大三世号"逐渐倾覆,下午七时沉没,船员无一幸存。十分钟后"博罗季诺号"两次猛烈爆炸,当即下沉,仅一人幸免于死。漂游的旗舰

"苏沃洛夫号"仍受到攻击，俄驱逐舰"狂暴号"靠近旗舰冒着很大危险把伤员运走，其中包括身受重伤不省人事的捷斯特文斯基。7时20分，日本鱼雷快艇发出3～4枚鱼雷将"苏沃洛夫号"最终击沉。

7时30分-8时，日本所有重型舰只撤出战场，准备用驱逐舰和鱼雷艇发起夜间攻击，整个白天战斗结束。

在整个白天战斗中，俄国舰队已遭惨败，俄国12艘主力舰中，仅七艘幸存，但都丧失作战能力，还有三艘轻巡洋舰和几艘驱逐舰。日本舰队也被击中多次，但没有损失一只舰艇，仅小巡洋舰"笠置号"丧失作战能力驶回港口。

27日晚7时30分至28日凌晨五时，日本用21艘驱逐舰，37艘鱼雷快艇向俄国舰队残部发起鱼雷攻击。这些小型舰艇大部分白天停泊在港内，直到夜间才出动。俄第三分队部曾接受反鱼雷进攻训练，因而大部分保存下来，原俄国第二分队的舰只则大部分被摧毁。"西索伊维利基号""纳希莫夫号""纳瓦林号"在夜间被鱼雷击沉。旧装甲巡洋舰"莫诺马赫号"在中了一枚鱼雷，船头炸毁后仍设法击沉了向自己发射鱼雷的那艘鱼雷艇，最后终因受伤严重，于凌晨五时由自己的船员凿沉。日本的损失是三艘鱼雷快艇沉没，五艘受伤。

28日凌晨五时至下午一时左右是对马海战的最后阶段，在这个阶段中俄国舰队残余部分最后被日本人完全歼灭。五时以后，俄国的剩余舰只继续缓慢地朝海参崴方向驶去，但在九时再次被日本舰队包围，日本人审慎地保持着一个安全距离，同时用更有力的大炮进行射击。担任俄国舰队指挥的涅鲍加托夫海军少将决定投降。10时53分"尼古拉一世号"（涅鲍加托夫旗舰）"阿普拉克辛号""谢尼亚文号"和"鹰号"向日本投降，下午一时左右，涅鲍加托夫在东乡的旗舰"三笠号"上签署了投降书。但当一批日本战胜者登上"鹰号"时，有几个俄国水兵想打开船底阀门把船沉掉，结果被日本兵所枪杀。载有罗日捷斯特文斯基将军的"大胆号"也投降了（原"狂暴号"上因收留人员太多，"大胆号"只好把罗日捷斯特文斯基从"狂暴号"上接了过来）。但其余舰艇或进行了顽强抵抗后被击沉或逃走。轻巡洋舰"乌沙科夫号"在被击沉前一直打得很漂亮，"斯维特拉娜号"也在交战时沉没，驱逐舰"严厉号"击毁一艘日本驱逐舰，然后用仅剩的燃料驶往阿斯科夫德岛。驱逐舰"格罗姆基号"与三艘日本鱼雷快艇进行了一场决斗，击毁了两艘，后因军火耗尽而被击沉。巡洋舰"绿宝石号"在逃往海参崴途中触礁搁浅，被船员自己炸沉。有几艘驱逐舰和辅助舰分别逃往上海、马达加斯加、马尼拉等中立国港口，最后逃到海参崴的只有一艘巡洋舰"金刚石号"和两艘驱逐舰。

日本取得了绝对胜利，俄国太平洋第二、第三分舰队几乎全军覆没，除逃回俄国的三艘舰艇外，其余或沉没或被俘或被扣，包括辅助舰在内，俄国共损失了20多万吨，比第一次世界大战中最大的一次海战日德兰海战中交战双方损失总和还要多。12艘俄国主力舰中，八艘沉没，四艘被俘，八艘巡洋舰中，三艘被击沉或凿沉，一艘遇难，三艘被扣，仅一艘到达海参崴；辅助舰有五艘被击沉，两艘被俘，一艘逃走，4830人死亡，受伤人数不详，5917人被俘，1862人被外国港口扣留。日本只损失三艘鱼雷快艇，死117人，伤587人。

对马海战之后，俄国再也不能派出海军力量争夺制海权，靠海军挽回失败已成泡影。但本土尚有强大兵力，将校损失不大，尚有反击能力，日本虽在海上取得绝对胜利，但其兵力告罄，军官损失过多，也很难继续扩大、巩固战果。此时英美等国也不愿日本过于强大，更不愿日本独霸远东。结束战争的时机已经到来。5月31日日本政府训令驻美公使请求美国总统西奥多　罗斯福出面斡旋。罗斯福欣然同意，6月2日即向俄国驻美大使提出和谈建议。8月9日，日俄和谈会议在美国朴次茅斯召开，9月5日双方签订和约，日俄战争正式结束。

日俄海战，特别对马海战在海战史上占有相对重要地位，对海军学术发展产生了重大影响，日俄海战持续时间之长，规模之大都是空前的。对马海战更是进入蒸气钢铁时代以来最大一次海上决战。日本舰队没有损失一艘军舰，没有折损一员将领而取得了全歼敌舰队的压倒性胜利，可谓海战史上所仅见。

美西海战

美西战争是美国新殖民主义战胜和取代西班牙旧殖民主义的一场战争。在这场海战起决定作用的战争中，初步显示了美国新建海军的实力。同时，这场战争对美国对外政策和海军本身也产生了重大影响。

19世纪末，西班牙由于政治腐败，长期内战和骚乱，一直处于危机之中。在国外，长期的殖民统治更引起强烈的不满。它的最大的、最后的殖民地古巴和菲律宾在1895年开始了争取民族独立的解放战争。西班牙殖民帝国被马汉称之为"没有牙齿的老丑妇"，其最后的殖民地成了其

他列强急欲抢夺的一份遗产。美国早已把古巴看成是"熟透了的"即将落在自己怀抱的"苹果",从80年代末起便不断向古巴投资,仅在十年之后便超过其他任何国家。古巴独立战争爆发后,美国政府和国会立即给予极大关注,急欲寻找借口,挑起对西班牙的战争。很多美国人也同情古巴,怀有帮助古巴人民摆脱苦难,走向独立的感情。一些美国报刊则大肆渲染西班牙的暴行,不断煽起反西班牙的狂热。

1898年2月15日晚9时40分,被派去保护美国人生命财产的战列舰"缅因号"在哈瓦那港神秘地爆炸。尽管附近船只急忙赶来相救,船上的347名官兵中,仍有260人丧生。"缅因号"的爆炸在美国引起强烈反响,美国政府认为这一爆炸来自外界破坏,是西班牙用炸弹炸的,一些报刊大做文章推波助澜,纽约《月报》悬赏五万美元,要求捉拿和审判罪犯。美国国会也喊出了:不要忘记"缅因号"事件,西班牙滚出去的口号。在一片反西班牙的声浪中,美国参众两院于4月19日通过了向西班牙宣战的决议,4月25日西班牙勉强对美国宣战。

美国海军力量比西班牙占有明显优势。美国在损失了"缅因号"之后,其海军仍拥有四艘1万～1.1万吨量的一级战列舰(战争期间增加到五艘),一艘6300吨的二级战列舰,两艘8200吨～9200吨的现代铁甲巡洋舰,11艘3000吨～7300吨量级的巡洋舰,六艘4000吨～6000吨的配备重武器的低舷铁甲舰,以及一大批配备轻武器的无铁甲的辅助巡逻艇、炮艇和鱼雷艇。西班牙的一艘9900吨的一级战列舰"佩莱约号"正在维修,没有参战,另一艘武器配备很多,舰体装甲很少的9200吨的二级战列舰"卡洛斯V号"也没能参战。战斗力很强的新装甲巡洋舰"克里斯托贝尔·考伦号"还没有安装好,该舰是在没有主炮塔的情况下参战的。三艘比较现代化的7000吨的装甲巡洋舰上的5.5英寸口径的大炮的机械装置出了毛病。正在西班牙船坞建造的几艘新的战列舰和巡洋舰,由于资金不足和管理不善不能迅速建成下水。保养很差的鱼雷艇队处于不同程度的损坏的状态。驻扎在古巴和菲律宾海域的是一些木帆船。美西两国海军的重要差别在于

探寻海洋的秘密丛书

士气高低大不相同,美国海军自信而好战,西班牙海军官兵无一不感到前景黯淡。

"缅因号"爆炸后,西班牙一面在外交上作出努力和让步,试图平息美国人的愤怒,同时也为战争作准备。接到爆炸消息后,西班牙海军大臣便告诫当时指挥本土舰队的海军上将帕斯夸尔·塞韦拉准备摧毁基韦斯特的美国基地,然后封锁美国沿海,塞韦拉对此事极不乐观,甚至认为此项任命是极其荒谬的。因为他的作战力量只有四艘破烂不堪的巡洋舰和两艘驱逐舰,根本无法与美国海军抗衡。同时,在大西洋彼岸,西班牙没有强大的军事基地,无论在古巴,还是波多黎各都不太可能得到有力的后勤支援。西班牙也没有海上盟国。西班牙内阁根据这些情况对军事目标作了修改,但坚持认为海军力量至少应保卫住波多黎各。1898年4月8日,踌躇满志的塞韦拉率领舰队从加的斯启航前往佛得角,在那里等待形势的进一步发展。双方宣战后,4月29日塞韦拉的舰队驶离佛得角,前去保卫波多黎各。这时,塞韦拉在选择航线、港口和决定在什么情况下开战或回避等重大问题上拥有最大的自由。

美国最初认为一旦战争爆发，古巴会成为第一个攻击目标，其次是波多黎各，所以关键是控制西大西洋和加勒比海。为了进一步增强这一地区的军事实力，刚刚在濒临太平洋西海岸装配完毕的"俄勒冈号"奉命东调。"俄勒冈号"在一艘炮艇护送下，从皮吉特海峡出发，绕过合恩角，以平均12节的速度，用了66天的时间，航程13000多海里，到达濒临大西洋的基韦斯特，完成了一次出色的远航。"俄勒冈号"的到达使美国大西洋分舰队的力量增加到了五艘战列舰；即："依阿华号""印第安纳号""马萨诸塞号""得克萨斯号"和"俄勒冈号"。该分舰队还有两艘铁甲巡洋舰"纽约号""布鲁克林号"和其他一些小型舰只。

由于对自西班牙出发的塞韦拉舰队的行踪不明，也不知其实力如何，这支西班牙舰队便成了美国心腹之患。报纸上不时发表一些道听途说的消息，说什么西班牙巨舰已经到达波士顿和纽约附近海面，闹得东海岸人心惶惶，纷纷要求海军给予保护。海军部原想集中兵力于基韦斯特，但迫于公众压力，不得不采取折中方案，把舰队分成三路：第一路，也就是大部分舰只，驻扎在基韦斯特，用来对付西班牙向古巴和波多黎各方面的挑衅行动，由海军少将威廉·T·桑普森指挥；第二路由快速舰组成，名

为"飞行中队",以汉普顿锚地为驻泊点,作为一个海上活动堡垒,守卫大西洋沿岸,由海军准将温菲尔德·斯科特·施莱率领;第三路由巡洋舰"旧金山号"和四艘武装商船组成北方巡逻分舰队,巡弋于特拉华角以北的海岸线,主要是起安抚人心的作用。

美国海军一开始便集中于大西洋,在太平洋仅保留了一支由轻型巡洋舰组成的亚洲分舰队。但战斗却首先在太平洋上打响了,爆发了马尼拉之战。

战争爆发时,几乎没有人要求分兵把守太平洋沿岸和保卫海防,甚至很多人根本不知道西班牙在太平洋上还拥有实力,还占有菲律宾。但当时的海军部次长西奥多·罗斯福却并不想把战争局限于加勒比海范围之内。西奥多·罗斯福是个生气勃勃、扩张欲极强的人,他早就认为同西班牙的战争不可避免。战争爆发一年前,在他接受海军部次长的任命时就开始为这场战争作了种种准备。他是马汉学说的坚决支持者和生动的体现者,坚信一支强大的海军对国家前途至关重要。他所写的《1812年的海战》与马汉的著作享有同样的盛誉。战争刚一爆发,西奥多·罗斯福就决定美国不仅要在大西洋打一场战争,占领古巴,而且要在太平洋上打一场战争,坚持亚洲分舰队必须立即进入菲律宾海域击毁以菲律宾为基地的西班牙舰队并占领该地。马汉同样主张在太平洋上进行扩张,一直全神贯注地注视着夏威夷。

西奥多·罗斯福为了能在太平洋上迅速行动,选中了乔治·杜威准将,任命他为美国亚洲分舰队的总司令。杜威早在美国内战期间即参加过多次战斗,颇有名气,不仅作战勇猛,而且具有分析洞察能力。杜威在离开华盛顿之前,对战争做了充分准备,搜集阅读了所能找到有关菲律宾的材料,研究了菲律宾水域的海图。1897年12月初,杜威动身去日本,一个月后在长崎登上旗舰"奥林匹亚号",正式接过亚洲分舰队的指挥权,不久驶往香港。

1898年2月25日,因参加"缅因号"事件一系列紧急会议而疲劳不堪的海军部长,这一天正在家休息,罗斯福乘机给在香港的杜威发出电报,电文大意是:备足燃料,一旦向西班牙宣战，你负责防止西班牙舰队离开亚洲海岸，然后在菲律宾群岛发起进攻。

杜威接到命令后立即命令各舰进入战备状态。煤仓备足燃料，并为舰队购买了一艘运煤船和一艘补给船，重新补充弹药，对机械进行大修，船体水下部分清除干净，将白色船舷改涂成灰色。杜威亲自检查一切细节，要求舰艇人员每天进行操练，所有机器保持良好运转状态，以便一旦接到命令，便可立即投入战斗。同时，杜威还想出了各种办法搜集西班牙舰队和菲律宾岛上的设防情况，采取预防可能出现的各种情况的措施。

1898年4月25日，杜威接到海军部电报命令："美西已经开战，速往菲律宾开始行动，尽力俘获或摧毁西班牙舰队。"4月27日，杜威率领舰队离开香港，奔向600海里之外的马尼拉。在航行中杜威命令各舰继续进行演习，加强各种防火措施。美国分舰队有四艘巡洋舰：旗舰"奥林匹亚号"(5870吨)、"巴尔的摩""波士顿号"和"罗利号"，两艘炮艇"康科德号"和"海燕号"，还有一艘缉私艇"麦卡洛克号"。其总吨位为20000吨，总共有33门六英寸大炮，一次齐射可打出3700磅炮弹。

西班牙在马尼拉的舰队由唐·帕特里西奥·蒙托霍少将率领，舰队中仅有一艘现代化的军舰旗舰"雷娜·克里斯蒂娜号"，排水量3500吨，但舰体漏水，无法远航。另一艘巡洋舰"卡斯蒂利亚号"，3300吨，是一艘老式木船，且动力不足。还有五艘500至1000吨的炮艇，装配都非常低劣。舰队全部火力，一次齐射为1273磅，其中只有占总数1/3的六英寸的火炮可与美国舰队的火炮相匹敌。蒙托霍估计很难在机动作战中战胜美国舰队，便决定在锚地进行抗击，把自己的军舰当成要塞舰队支援岸基炮兵打击美国舰队。

4月30日下午，杜威对苏比克湾进行侦察，在那里未发现西班牙舰队，然后驶向通往三面被陆地包围的马尼拉湾的航道。当时杜威估计不太可能在深水航道上准确布置水雷，决定利用夜幕作为掩护驶入港湾。1898年5月1日，星期天，午夜刚过，在旗舰"奥林匹亚号"引导下，美国舰队偷偷驶进了直通马尼拉湾的水道。两岸岛屿上都有防御工事，当半数舰只通过岸炮阵地时，被守军发现，几门岸炮开了火，但很快被美舰队炮火压制下去。黎明时分，美国舰队无一损伤地逼近马尼拉，开始搜索西班牙舰队。约在凌晨五时，杜威发现西班牙舰队停泊在距马尼拉十海里的甲米地海面。

这时气候温和，晨雾朦胧，海面如镜，西班牙各舰只自东而西排列。西班牙舰队和陆上守军在远距离就向迎面驶来的美国舰队开炮，但并无威胁。因为没有弹药补给地，美舰为了节省弹药一直逼近到离西班牙舰队只有5000码的距离才射击，5时41分旗舰"奥林匹亚号"的八英寸大炮打出了第一发炮弹。霎时，各舰火炮齐鸣，美舰打击的主要目标是西班牙的旗舰"雷娜·克里斯蒂娜号"和巡洋舰"卡斯蒂利亚号"。杜威命令各舰鱼贯而行，往返依次使用两舷火力，打过几次航次之后，距离越来越近，直到2000码的距离。好几艘西班牙军舰，包括"雷娜·克里斯蒂娜号"，曾几次企图冲击美舰，但均遭重创，不是被击沉便是被打退。7时30分时，杜威因接到弹药短缺的误报，决定暂时撤离。11时，杜威命令重新开火，一小时后西班牙的舰队全军覆灭。

西班牙舰队的"雷娜·克里斯蒂娜号""卡斯蒂利亚号"沉没，其他舰艇均已报废。战斗中西班牙人共伤亡381人，杜威舰队只有七人受伤。西班牙舰队的吨位、装甲、火力明显低于美国人，而且射击技术也远不如美国。美舰开炮至少命中了170发，西班牙仅命中了15发。美国人的胜利，不仅因为实力上占优势，也是因为准备充分，所以杜威曾说："马尼拉战役是在香港打赢的。"

杜威消灭了西班牙海上力量之后，便在马尼拉附近海面抛锚，一方面等待陆军部队的到来，一方面防止其他列强染指菲律宾。美国陆军尚未到来之际，一支由五艘军舰组成的德国舰队来到马尼拉海湾地区，并在此不断进行示威性演习。德、美舰队关系十分紧张。美国舰队后来得到英国、日本舰队的支持，德国舰队暂时退出这一区域。一年以后，德国向极度衰弱的西班牙买下了加罗林、马绍尔、马里亚纳和帕劳等群岛。德、美之间的这一次冲突进一步激化了美国人的反德情绪。

美国派出11000名陆军部队从加利福尼亚的旧金山启程,1898年8月13日到达马尼拉。美国陆海军一起很快攻占了马尼拉。

加勒比海地区的战争比菲律宾地区的战事复杂一些,大体可分为两个阶段:6月1日之前,塞韦拉率领的西班牙舰队几次躲过美国舰队的追击堵截,安全抵达圣地亚哥;6月1日之后,美国舰队封锁圣地亚哥并最后消灭西班牙舰队。

1898年4月29日,塞韦拉离开大西洋的佛得群岛后,并没有像美国人估计的那样驶向波多黎各的圣胡安,而是有意避开了圣胡安,驶往法国人占据的马提尼克岛,其下一步没有去美国人意料中的哈瓦那或西恩富戈斯港,而是经荷兰占领的库拉索岛加煤,然后于5月16日径直驶向远在古巴东南方向的圣地亚哥港。5月19日,西班牙舰队通过狭窄航道安全进入圣地亚哥。

最初,桑普森主张对哈瓦那实行两栖进攻,希望通过占领古巴首都和军事要地来尽快结束战争。这一建议没有得到海军部的批准。当桑普森得到塞韦拉出航的消息后,马上做出到波多黎各圣胡安出击迎敌的计划,他断定西班牙舰队会在那儿。5月3日,桑普森率领战列舰"衣阿华号"和"印第安纳号"、装甲巡洋舰"纽约号"、两艘浅水重炮艇和1艘布雷艇驶往波多黎各。由于浅水重炮的拖累，整个舰队航速减低，直到5月12日才到达圣胡安，但他在这里并没有找到塞韦拉。

这时，美国舰队正在化整为零。施莱正在诺福克的汉普顿锚地，桑普森在圣胡安，几艘舰艇在基韦斯特，"俄勒冈号"刚刚接到命令正从太平洋驶来。这种情况受到了当时正在海军军事(战争)委员会任职的马汉的批评指责。马汉认为在没有确定塞韦拉的位置之前，古巴应是这次海战的战略中心，轻易放弃对古巴的封锁，是一种没有把握的古怪行动。

桑普森对圣胡安炮击了一个小时，一无所获，在这航途中收到了塞韦拉已到达加勒比海的消息，便想出各种办法提高整个舰队航速，驶向基韦斯特。5月18日，桑普森到达目的地，同一天施莱的"飞行中队"也奉命从汉普顿锚地到达基韦斯特。桑普森加强了对哈瓦那的警戒和封锁，同时把"衣阿华号"拨给"飞行中队"，让施莱驶向古巴南海岸，封锁与哈瓦那有铁路联系的西恩富戈斯。其次，19日上午西班牙舰队已抵达圣地亚哥。

施莱的"飞行中队"，由于缺少燃煤，5月22日末到西恩富戈斯海面。桑普森根据各种迹象认为塞韦拉在其他地方，便派通信快艇告诉施莱："西班牙人可能在圣地亚哥……如果你对他们不在西恩富戈斯感到高兴，那就火速向圣地亚哥进发……如果敌人在那儿，就把它封锁在港口内。"施莱确定了塞韦拉不在西恩富戈斯之后，驶向圣地亚哥，于5月26日到达距圣地亚哥还有20海里的海面，但他仍未发现塞韦拉。这时施莱开始担心燃煤不足，准备转回基韦斯特去加煤。施莱的舰队正要离开，5月27日接到海军部命令：海军部得到的情报表明，西班牙舰队仍在圣地亚哥。海军部命令他证实这个判断，如果敌人确在此处，不采取断然行动不许离开。施莱拒绝执行海军部命令，坚持要回基韦斯特加煤。第二天海面恢复平静，运煤船可在海上加煤了，施莱才又决定返回圣地亚哥，5月28日上午在港外锚泊。第二天清晨施莱清楚地看到了入口处的一艘西班牙军舰。6月1日桑普森也到达了圣地亚哥外海，接过了总指挥权。至此，双方海军集结一地，战争进入第二阶段。

塞韦拉躲进圣地亚哥之后，一直没有得到任何进一步的命令，同时他的舰队也没有多大战斗力，他和他的舰长们认为最佳方案是待在圣地亚哥，援助陆军保卫海港和城市。5月25日，西班牙舰队曾决定出击圣胡安港口，但就在这一天他们发现了在圣地亚哥港口外有三艘美国侦察巡逻舰（三艘客轮改装的装甲侦察舰），误认为已被封锁，便放弃了这一突袭计划。到5月28日，西班牙舰队已无任何选择余地，施莱已封锁了港口。

所有美国军舰都进入了封锁位置，在圣地亚哥湾外六海里处排成半圆形，把住了出口。参加封锁的是五艘战列舰，两艘装甲巡洋舰，其他一些小型船只在海岸近处游弋。夜晚，军舰稍稍收缩靠拢，一艘军舰驶近海岸，用探照灯搜索湾口。为了占领一个前进基地，以便为参加封锁的军舰加煤，补充给养和维修，桑普森派出大约650名海军陆战队于6月10日到湾口以东40海里处登陆，占领了关塔那摩，经过一个星期的战斗稳住了阵地。这是美军在古巴陆上的第一次战斗。桑普森为了防备西班牙人逃跑，曾采用堵塞海湾航道的办法。他选出七名水手驾驶一条运煤船准备在航道最窄处引爆下沉。但这条运煤船被西班牙海岸炮兵发现并打坏了船舵，这条船漂过了最窄处才沉没，没有起到作用。

堵塞航道的尝试失败之后，桑普森要求陆军给予支援，使他能派出小艇排除航道水雷。急于参战和抢得荣誉的陆军很快集结了16000名士兵，由陆军少将威廉·R·沙夫特率领。陆军部给了沙夫特以相当大的行动自主权。但从一开始陆海军之间便存在分歧，行动不能协调。海军部和马汉主张，陆军应首先占领高地并构筑工事，然后海军清除水雷，进入港内。而陆军部的意见是，海军应该冲过布雷区，同时炮击圣地亚哥城。

6月14日，美国陆军从坦帕登船启程，16000名官兵装满了32条运输船，由海军护航，6月20日-22日在圣地亚哥以东18海里处登陆。6月20日，桑普森和沙夫特首次会晤。会晤后双方都很满意，但又都发生了误会，都把自己当成了主攻力量，把对方当成了辅助的、佯动力量。7月1日沙夫特下令向圣地亚哥的门户进攻，在激烈战斗中，美军伤亡1000～1500

人，许多人还患了热病。63岁的沙夫特也因发烧走不出帐篷，惊慌中他向桑普森发出急信："昨天进行了一场恶战，伤亡惨重……我迫切要求你立即采取行动，向海湾发起强攻，以减少我们的损失。"这使桑普森深感惊讶，本来陆军作为佯攻力量支援海军，现在反而要海军去营救陆军了。7月3日，桑普森乘旗舰"纽约号"沿海岸东驶与沙夫特面谈，共同协商对策，并把指挥权交给了施莱。这一天战列舰"马萨诸塞号"也正在关塔那摩补给燃料。

但就在7月3日这一天，西班牙舰队突围。哈瓦那当局认为，圣地亚哥终将失守，应向西恩富戈斯或哈瓦那转移。至于何时突围，一些人认为以黑夜为好。但塞韦拉认为航道狭窄，加上有一条沉船，美国舰上使人眼花缭乱的探照灯，夜间突击反而不利，因而选在白天进行。尽管决心已下，但塞韦拉和他的舰长们对突围并不抱有多大希望，因为西班牙舰队处于明显的劣势。美国方面，即使除去"纽约号"和"马萨诸塞号"，各舰总共还有60余门六英寸的大炮，一次齐射可发射18847磅炮弹，西班牙方面只有16门大口径火炮，一次齐射总量仅6014磅。西班牙舰队还有其他许多方面的弱点：长期失修，船底长满了贝类，影响航速，一部分火炮故障很多，大部分弹药已经变质。

7月3日上午9时35分，西班牙旗舰"玛丽亚·特雷莎号"为先导，后

面跟着巡洋舰"比斯卡亚号""克里斯托瓦尔·科隆号""奥肯多号"和两艘驱逐舰,吹着号角,飘扬战旗,鱼贯驶出港外,冲向美舰。排成阵列的美舰立即收拢,一拥而上。"得克萨斯号""布鲁克林号""衣阿华号"笔直朝敌舰冲去,根本没考虑战术,只是简单的攻击,接着发生一场混战。"特雷莎号"向施莱的旗舰"布鲁克林号"冲来,双方几乎迎头相撞。"布鲁克林号"立即向左舷转向,但几乎撞上"得克萨斯号"的舰首。"得克萨斯"被迫全速倒车。"布鲁克林号"也暂时撤出战斗,差不多转了一圈之后才重新参战。在混战中,西班牙军舰拼命沿着海岸向西逃窜,美舰在后面全速追击。在美舰密集炮火轰击下,"特雷莎号"大约中了30发炮弹,蒸气管道断裂,木制甲板起火,被迫向岸边驶去,在离港口以西六海里处抢滩。"奥肯多号""比斯卡亚号"随后起火抢滩。塞韦拉舰队中航速最高的巡洋舰"科隆号"驶出了美舰炮火射程,急速逃跑,经过55海里逃窜后被美舰"布鲁克林号"和"俄勒冈号"赶上,受轻伤后降旗投降。最后出港的两艘西班牙驱逐舰一艘被炸毁,一艘被打沉。

原来,桑普森乘旗舰向东驶去,闻讯后立即转向,全速西驶,但赶到战斗现场时,战斗已经结束。桑普森赶来时,施莱向他发出信号:"我们已获大胜,详细战况以后通讯联系。"作为施莱上级的桑普森怒气冲冲地答复说:"报告你的伤亡人数。"这是两个人的首次公开冲突,后来二人为争夺战功和荣誉发生了激烈争吵。

这次战斗前后总共用了三个多小时,美军以绝对优势歼灭了西班牙舰队。西班牙2200官兵中,约160人死亡,740人受伤,其余1300人全部被俘,包括塞韦拉本人。美国方面仅一人死亡,一人负伤,无一战舰受重创。美国海军这次胜利如此来得轻而易举,以致后来马汉评论说:"但愿美国今后再也不会同像西班牙海军这样的弱者交战。"但这样的战斗仍暴露出美国海军的许多弱点:如射击技术低劣(在追击中共发射8000发炮弹,仅命中120发,命中率不足2%,海陆军之间不能协调一致。

圣地亚哥之战后,美西战争已接

近尾声。在海军炮火支援下，美国陆军开始围攻圣地亚哥，7月14日西班牙两万余守军在弹尽粮绝的情况下宣布投降。加勒比海已牢牢控制在美国海军之手，美国派往波多黎各的远征军很快肃清了该岛。七月底美国海军计划对西班牙本土进行一次攻击，西班牙很快提出和平请求，8月12日双方宣布结束战争状态。1898年12月10日，美西双方在巴黎签署最后条约，西班牙承认古巴独立，放弃对古巴的一切要求，后来古巴实际上变成完全由美国控制，西班牙还把波多黎各、菲律宾和关岛割让给美国。作为补偿，美国付给西班牙2000万美元。

美西战争标志一个旧的殖民帝国的没落和最后瓦解。昔日庞大的西班牙在战争中失去了它在加勒比和太平洋上的主要殖民地，仅在战争结束后第二年又以廉价拍卖了它在太平洋上的马绍尔群岛、加罗林群岛等大大小小近千个岛屿。难怪塞韦拉的旗舰长V·M·康克斯在冲出圣地亚哥港外时曾说："我们的号角是夺取格拉纳达过程中的号角声的最后回音，这是四个世纪的历史终结。"

与此同时，美国新的殖民体系开始代替旧的西班牙殖民体系，新兴的美国帝国主义诞生了。美国不仅已把自己势力扩张到加勒比海地区，还扩张到了太平洋。在太平洋上它夺得菲律宾、关岛，在美西战后不久很快正式占领了夏威夷、萨摩亚和威克岛。打败西班牙舰队标志着美国已成为世界第一流的海军强国。美西战争进一步推动了美国的侵略扩张，并使刚出现的"大海军"思潮开始升温。

英德罗内尔海战

20世纪初，第一次世界大战爆发。德国为了保护自己在太平洋和非洲沿岸的殖民地和袭击英国大洋上的交通线，组成了太平洋分舰队（或称东亚分舰队）。太平洋分舰队由海军中将格拉夫·冯·斯佩指挥，包括有两艘装甲巡洋舰、六艘轻巡洋舰和一些由商船武装起来的辅助巡洋舰。其主要驻泊地是大洋洲的加罗林群岛的波纳佩岛，其他舰只在另一些地方，如一艘巡洋舰在我国青岛。除太平洋分舰队外，德国还有三艘巡洋舰分别在非洲沿岸和加勒比地区活动。

为了对付苏伊士运河以东的德国海军兵力，英国展开和部署三个分舰队，共包括一艘战列巡洋舰，两艘前"无畏"级战列舰，十艘巡洋舰。支援英国海军的还有两艘法国巡洋舰，两艘俄国巡洋舰（包括在对马海战中劫后余生的轻巡洋舰"珍珠号"）以及日本的一些舰艇。总体上，英国力量超过德国力量，但英国三支分舰队分别布置在中国香港，东印度和澳大利亚，且肩负不同任务。

战争爆发后,斯佩决定向南美西海岸巡航,同时派出"埃姆登号"横渡太平洋,进入印度洋袭击英国船队。斯佩在驶向南美途中,进一步集中和加强了自己舰队力量。这时,他得到情报:一支英国巡洋舰队已在南美西海岸活动,决定马上南下。1914年10月底斯佩已到达智利沿海,他命令装甲巡洋舰"莱比锡号"打破无线电沉默,好让英国人误认为这一带水域只有一艘德国军舰,以便引诱英国人上钩。

九月初,英国海军部曾命令海军少将克里斯多夫 克拉多克指挥一支巡洋舰队到巴西海岸搜索袭击英国商船的两艘德国巡洋舰。10月21日克拉多克离开马尔维纳斯群岛的斯坦利港,进入太平洋北上。速度最高的轻巡洋舰"格拉斯哥号"首先到达智利港口科罗内尔以南,并收听到德国海军的无线电信号。克拉多克判定信号是从"莱比锡号"发出的。两支舰队即将迎头相遇。

德国分舰队对英国分舰队占有明显优势。德国分舰队包括两艘装甲巡洋舰"沙恩霍斯特号"和"格奈森瑙号",三艘轻巡洋舰"德累斯顿号""莱比锡号"和"纽伦堡号"。英国舰队包括两艘装甲巡洋舰"古德霍普号"和"蒙默斯号",一艘轻巡洋舰"格拉斯哥号",一艘辅助巡洋舰"奥托朗托号",一艘前"无畏"级战列舰"康珀斯号"。英国的两艘装甲巡洋舰,各个方面均不如其相应的对手。它们分别于1902年和1903年建成,只有两门9.2英寸口径的火炮,多数火炮口径较小,又有相当多的舷炮不能在大风浪中进行射击。德国的两艘装甲巡洋舰都建于1907年,各有八门3.2英寸和六门5.9英寸的火炮,均以出色的射击技术著称,能在大风浪中进行有效射击。"奥托朗托号"是由一艘12000吨的客轮改装成的,只有八门五英寸以下口径的火炮,只宜于保护海上运输,防止小型舰艇攻击,不适用于战舰作战,只有轻巡洋舰"格拉斯哥号"在航速、炮火方面强于德国的轻巡洋舰。但又没有防护铁甲。对英国更不幸的是,战列舰"康珀斯号"没有参战。原来,克拉多克进入太平洋后,令航速(12节)较低的"康珀斯"到瓦尔帕来索以西与他会合,后来"康珀斯"途中又出了故障,以致战斗发生时,它还在战场300海里之外。

1914年11月1日下午4时40分左右，双方相互发现对方。最初都误认对方只是一艘轻巡洋舰，自己占有压倒优势，几分钟后便弄清了对方是一支舰队。克拉多克本可以向南逃走，但担心不能再找到斯佩，更害怕有损皇家海军声誉，决心一战。五时，克拉多克命令他的舰队向"格拉斯哥号"集中。五分钟后，英国四艘军舰形成单列纵队驶向东南方向。斯佩集中力量全速追击，6时4分，双方开始炮击。这时，斯佩见到尚有强烈阳光，不便射击，便下令暂停射击，拉开距离。下午，太阳刚刚落下，夕阳余晖正好清楚地照出英国战舰的轮廓，德国战舰正好处于凝重夜色之中，对德国舰队十分有利。斯佩马上前进，在12000码的距离内开火。这时，英国军舰全部在德国大炮的有效射程之内，多数情况下，英国只有"古德霍普号"的两门9.2英寸的火炮可以还击，又由于不易观察、瞄准目标，东南风掀起的巨浪，使英国的射击效率降到最低点。英国军舰处于被动挨打、无力反击的地步。"蒙默斯号"的火炮很快被全部打哑，火焰冲天，被迫撤出战斗，蹒跚南去。7时45分时，"古德霍普号"已被"沙恩霍斯特号"击中30次，至八时连同克拉多克和所有舰上官兵一起下沉。8时15分，"奥托朗托号"和"格拉斯哥号"向西南方向逃走。斯佩下令轻巡洋舰追击，用鱼雷攻击。9时28分，德轻巡洋舰"纽伦堡号"追上重伤的"蒙默斯号"并将其击沉。至此，以智利港口科罗内尔命名的这场海战结束。

这一仗，英国损失严重，损失了两艘装甲巡洋舰。德国以三个人受伤的无足轻重的代价，取得了一场战术上的胜利，暂时夺取了南太平洋上的制海权。

英国所以失败，首先是因为力量处于劣势，也没有得到及时支援。其次是炮火效率差。

德国海军以其优势兵力，巧妙地利用距离、位置、光线和风浪，取得了重大胜利。但这支德国舰队的前景并不乐观，它的8.2英寸口径大炮的弹药已消耗掉了42%，在这一地区又无从得到补充。一支强大的英国舰队正在赶来。

达达尼尔海战

达达尼尔海峡战役是以英国为首的协约国为打破战争僵局而发动的第一次大规模的从海上向陆地进攻的战役。

到1914年年底，欧洲大陆战场的西线已完全从机动战转入阵地战，整个大战进入僵持阶段，速战速决、盲目乐观的论调已被证明是毫无根据的。交战双方都在寻求打破僵局的办法。德国人的办法之一是袭击英国的海上生命线。英国人则想发动两栖进攻。第一海务大臣费希尔曾提议派出一支两栖舰队去波罗的海登陆，直接插到柏林。但由于当时德国公海舰队虽然被封锁在港内，不仅没有被消灭，还有相当实力，还是个威胁，在波罗的海沿岸登陆还有更大的困难和危险。因此，费希尔的意见未被充分讨论和注意。在土耳其发起两栖进攻一直是英国讨论和考虑的方案。进攻土耳其可以把中立的意大利争取到协约国方面，鼓励巴尔干诸国攻击土耳其，动摇奥匈帝国，还有助于加强英国在中东的势力。恰好，1915年1月2日英国方面收到了俄国最高指挥官尼古拉大公的来信，请求英国派出陆军或者海军实施一次佯攻，以减轻土耳

其军队对高加索方面俄军的压力。这一要求得到陆军大臣霍雷肖·基钦纳元帅的原则赞同。想象力丰富而又急性子的海军大臣丘吉尔马上行动起来。早在1914年8月底丘吉尔就曾提出过这一设想，当时遭到多数人的反对。现在，年轻的海军大臣立即成了这一战役的热心倡导者和积极的组织者。

1915年1月3日，丘吉尔打电报给指挥达达尼尔封锁分舰队的萨克维尔·卡登海军中将问他"是否可以单靠军舰突击并占领海峡？"1月5日，卡登用电报作了谨慎的答复："我不认为达达尼尔是可以冲过去的。但若使用大量船只，作大规模行动，则或许是可以强行通过的。"尽管这个答复有相当保留，丘吉尔仍然认为符合自己的设想。丘吉尔认为只用旧式战舰便可冲过海峡，占领君士坦丁堡。于是，他又让卡登制订一个相应的计划。卡登计划于1月11日送交海军部并得到批准。1月13日，英国战争委员会原则上批准了这一计划。计划决定："海军在二月份炮击和占领加利波利半岛，以君士坦丁堡为目标。"费希尔勋爵最初曾热情支持丘吉尔的设想，中间又激烈反对仅仅依靠海军实施这个战役计划，最后经丘吉尔的争取和说服，采取勉强支持的态度。1915年1月28日，首相阿斯奎斯主持的战争委员会最后批准了达达尼尔海峡作战计划。

战役计划设想，舰队强行通过海峡，然后突击君士坦丁堡。突破海峡前，首先用舰炮火力摧毁土耳其的海岸炮台和其他防御工事，用舰队扫雷兵力清除海峡水雷。进行攻击的英、法联合舰队的兵力包括15艘战列舰（其中有装备15英寸火炮的最新战列舰'伊丽莎白女王'号，四艘法国战列舰），一艘战列巡洋舰，四艘轻巡洋舰，16艘舰队驱逐舰，七艘潜艇，一艘载有六架水上飞机的飞机母舰，21艘扫雷艇，一艘炮艇和大量辅助船只。英法联合舰队兵力相当强大，其最大不足是缺少一个合适的前进基地。

卡登中将还从未指挥过如此重大战役，因此丘吉尔和海军部又派来两名能干又有经验的指挥官，约翰·德·罗贝克少将为副总指挥，另一名为参谋长。

海峡由德国、土耳其陆海军联合防守，战役开始前约有两个师的兵力。防御工事比较坚固，火力也比较强大。在海峡入口处有四个要塞，配有27门炮，在上游海峡入口处有11个要塞，配有88门炮。两个要塞群之间还设置一些小口径炮。从海峡入口到凯佩兹之间的海岸上还安装了可以移动位置的榴弹炮。在海峡最窄处和凯佩兹以下设置了两个布雷区，共九道水雷障碍，334枚水雷。雷区还新增设了专门保卫雷区的炮台，装上探照灯，专门对付夜间行动的扫雷艇。达达尼尔海峡防卫的最主要弱点是大口径炮弹不足。

1915年2月19日，英法联合舰队发起进攻，开始了战役的第一步：摧毁土耳其炮台和其他防御工事。第一天虽然摧毁了一些滩头阵地，但由于天气变坏，第二天便不得不暂时停止进攻，直到2月25日才又重新开始。25日这一天，驱逐舰开始对海峡入口扫雷，战列舰尾随其后对岸上防御工事进行炮击。在随后的一星期内，只要天气允许便发起攻击。同时，在军舰炮火掩护下，英国水兵和海军陆战队的爆破组上岸炸毁那些舰队没有破坏的土耳其的岸上火炮。至3月4日，破坏炮台总算告一段落：大部分炮台被摧毁。但在海峡里扫雷和打击岸上支援炮火的工作遇到了很大麻烦。活动榴弹炮隐藏在灌木丛中，经常移动，很难对其瞄准射击。排雷工具是没有武装的木制拖网渔轮，这些木制拖网渔轮在海峡流速四节的水里几乎不能前进。驾驶这些扫雷船的是一些没有战斗经验的普通渔民，他们一听到炮声，看到炮弹爆炸往往掉头便跑。

丘吉尔对战役进程一拖再拖十分不满，认为缺乏勇敢精神，一再催促卡登发起总攻。卡登感到无力承担此重任，于3月16日提出辞呈。丘吉尔任命德·罗贝克接任指挥，并决定3月18日发起总攻。

英法海军接二连三地进攻，使进攻完全丧失了突然性，德土方面进一步加强了防御。防御兵力从两个师增加到四个师，火炮有所增多，同时深挖壕堑以避免敌方海军炮火的轰击。他们还观察到，协约国进入海峡的战舰通常总是在亚洲一侧撤出，因此在3月8日午夜后沿亚洲海岸布设了第十道水雷线，共20颗水雷。这20颗水雷中，只有三颗被触响，其余未被发现。

3月18日联合舰队全部兵力投入作战，发起总攻。由于海峡不够宽，所有军舰一齐上不能有效地发挥火力，罗贝克决定组成三个攻击总队，每个总队由四艘战列舰组成，成梯次波队轮番向前轰击，其他军舰在两翼打击岸上的游动榴弹炮和那些保卫雷区的炮群。

3月18日上午10时30分进攻开始，11时第一攻击总队四艘最强大的战列舰向14000码以外的海峡最窄处轰击，给敌方造成很大破坏。12时20分，第三总队越过第一总队队列，从10000码处开火，连续炮击两个小时。下午两时，第二总队也投入战斗。至下午四时土耳其炮台火炮已被压制下去。这时，罗贝克按计划召回了法国舰，把等在后边的四艘英国军舰替换上去。法国军舰沿亚洲一侧撤退时，碰上3月8日布下的水雷。战列舰"布韦号"触雷沉没。同时。那些拖网扫雷船上的渔民听到炮声又一次掉头逃跑。罗贝克见此情景只好命令突击舰队向后撤，这次英国战列舰"狂饮号"触雷沉没，战列巡洋舰"坚定号"被水雷炸成重伤。至下午六时，罗贝克害怕损失更多的军舰，下令返航爱琴海。最后撤退时，再次受到重大损失，战列舰"大洋号"被水雷炸沉，"巨人号"被水雷炸成重伤，"苏弗伦号"被重炮弹打成重伤。

3月18日参加突破的16艘大型军舰中，三艘沉没，三艘重伤，长期失去作战能力，损失重大，实际以失败告终。但这时土耳其人的弹药已消耗殆尽，许多火炮或被打毁或被拆卸，水雷也已用光，如果战舰通过雷区，那就很容易到达海峡最窄处，所以曾引起土耳其人的极大恐慌。如果再坚持一下或者很快再次发起强大进攻，那可能将是另一种结果。但英法联军在关键时刻退了下来，又没有立即重新发起强大进攻，可谓"行百里者半九十"。

这次进攻失败之后，陆军大臣基钦纳再次提出要有陆军参加进攻。费希尔和海军部本来就主张应有陆军参加，现在害怕损失更多的战舰，更坚持这一主张。罗贝克则坚决要求得到陆军支持，否则拒绝再次进攻。丘吉尔只好接受既成事实。3月18日以后，陆军大臣基钦纳开始负责整个战役，陆海军联合进攻加利波利半岛的战役开始了。

探寻海洋的秘密丛书

最大的两栖进攻战役

英法联军的战役计划是陆军在加利波利半岛登陆，从背后占领土耳其炮台，使舰队易于突破达达尼尔海峡，进入马尔马拉海。基钦纳任命陆军上将伊恩·汉密尔顿为爱琴海战区司令。这个战役实际是以陆军为主的一次进攻战役，海军成了辅助力量。

在进攻之前，联军方面便出现了一些准备和组织方面的毛病。1915年3月5日基钦纳才决定派出英国精锐部队第29师作为进攻主力，3月26日第29师从英国登船启程。但后来发现运输舰没有按照战备需要装载，火炮和弹药分别装在不同的船上，机关枪被压在所有货物底下，很难取出来。处于达达尼尔海峡最近的利姆诺斯岛上的临时码头穆兹罗斯港只是个小码头，设施简陋，无法重新装船。整个运输船队只好返回离达达尼尔海峡700海里的亚历山大港，重新装船。在埃及，陆军士兵住在帐篷里，军需官指挥搬运工人和水手卸船，重新装船，把一起用的东西放在同一处，以便按使用预定次序卸载。这样又耽误了近三个星期的时间，直到4月23日英国第29师才到达集运地点利姆诺斯岛上的穆兹罗斯港。同时，开战后才

发现英法联军缺乏山地作战的那种火炮，医院设备，以及壕堑工程所需之铁镐、铁丝网。高级指挥官对进攻目标几乎一无所知，没有一张像样的地图，甚至不知道该地区是否有水。

汉密尔顿将军离开伦敦的时候，还没有选定登陆地点。还与英国以往的两栖行动一样，这一次仍没有统一的陆海军指挥。战斗中，只是汉密尔顿和他的参谋人员登上了海军少将罗贝克的旗舰"伊丽莎白女王号"进行观察和策划，这似乎是统一指挥的一点儿象征。

在英法拖延不决的时候，土耳其方面加强防御。土耳其政府把防守半岛的指挥权交给德国驻土耳其的军事使团头目奥托·利曼·冯·桑德斯将军。桑德斯要求把所有能用的火炮都调到加利波利半岛，兵力由原来的四个师增加到六个师，从四万人增加到六万人。在指挥官中就有未来的土耳其共和国的陆军部长思维尔·帕夏和第一任总统穆斯塔法·凯末尔。桑德斯还充分利用时间对土耳其士兵进行强化训练，在协约国部队可能登陆的所有滩头后面挖筑相互衔接的壕堑，配以机枪火力点和铁丝网。他把两个师的兵力布置在海峡亚洲一侧的库姆卡莱岬，四个师布置在欧洲一侧。其中一个师是作为机动兵力的预备师，这个师的师长就是令人生畏的凯末尔。桑德斯在布置兵力方面的主要缺点是把协约国部队的主要登陆地点估计错了。

汉密尔顿的计划是以他最有战斗经验的第29师约一万七千人在海勒斯角登陆。29师首先在海军炮火支援下占领海勒斯角背后五英里处的阿奇巴巴山，然后在阿奇巴巴山的炮火支援下进而夺取基利迪尔巴希尔高地。他认为这个高地上的要塞控制着达达尼尔海峡最窄处通道，因而应该是自己的主要目标。澳大利亚和新西兰军(澳新联军)约三万人在半岛中部加巴岬以北一点儿的地方登陆，汉密尔顿预料通过海岸开阔地带到达半岛的高山山脊，在山脊上架起大炮便可切断敌人的补给线和打击敌人的增援部队。皇家海军步兵师向半岛北部的搏拉耶尔，法国步兵师的两个团向亚洲岸边的库姆卡莱进行佯动。每支登陆部队均由战列舰和巡洋舰予以支援。

4月24日傍晚200余艘军舰满载登陆士兵驶向各自目标，25日黎明前发起了登陆进攻。指挥澳新联军的伯德伍德将军想给敌人来个措手不及，决定先头部队在黎明前登陆。先头部队上岸后并没有遇到所预料的平缓的坡地，而是陡峭的山崖。他们冒着步枪和机枪的火力网向上攀登。幸好守军人数不多，很快停止射击向内地撤退。随后遇到是更复杂和更可怕的地形，一道道深谷和更为陡峭的山岭。很快，穆斯塔法·凯末尔的预备兵力赶来，在加巴岬挡住了澳新联军的前进，海勒斯角的几处登陆地点没有遇到多少障碍，但在主要地点却遇到了重大障碍，遇到从战壕和要塞碎石工事后面的步枪和机关枪的猛烈射击，受到重大伤亡之后占据了海滩一线，到26日午前，所有登陆部队总算站稳了脚。但由于情况不明，组织混乱，仅在前两天的登陆过程中，英法联军就有一万余人的重大伤亡，并且不断遭到敌人骚扰，只能勉强坚守阵地。

登陆虽然成功，但远未达到目的，既没有到达阿奇巴巴山，更从未到达基利迪尔巴希尔高地，战争很快变成了一场毫无价值的残酷战斗，形成僵持局面。澳新联军一万八千余人被围困在两英里长，不足两英里宽的海滩区域，两端又被悬崖峭壁所阻塞。在这块有限的地区内，人员、牲畜、大炮、军需品乱成一团。部队不断遭到敌人的袭击和骚扰，被迫挖掩体，忙于防御，寸步不能前进。土耳其人把火炮从海峡撤出来，加强海勒斯防守。为了躲避联军海军大炮的攻击，土耳其人把战壕往前挖，尽量贴近英国人的战壕。在长期僵持中，铁丝网，后勤需求急骤增长，伤亡不断上升。在海勒斯一带，英军在四月底至五月中曾发动三次进攻，都以惨重失败告终。仅在第三次进攻中，一万六千人便伤亡四千五百人。五月以后，酷暑、缺水和尸体散发的恶臭使部队生活更加困难。

战役初期，英法海军同样遭受严重损失。五月底前，英国连续损失三艘战列舰。5月13日，一艘土耳其驱逐舰在夜色掩护下偷偷溜进达达尼尔海峡，用鱼雷击沉英国战列舰"哥利亚号"。5月25日，27日，德国潜艇"U-21号"连续击沉英国战列舰"胜利号"和"威严号"。鉴于潜艇威胁，英国急令"伊丽莎白女王号"返回英国，加强自己的海军力量，派去一艘装有14英寸大炮、不怕水雷的浅水重炮舰和13艘潜艇到达战区。英国潜艇的活动显得卓有成效。它们常常穿过达达尼尔海峡进入马尔马拉海，组成巡逻队骚扰土耳其船队。这些潜艇摧毁运送补给的船只，袭击后勤船队，对海岸进行小规模袭击，甚至炸沉停泊在君士坦丁堡港外的两艘军舰。潜艇的活动迫使土耳其放弃海上运输，部队靠步行，物资靠骆驼或牛车运输。但这些并没有根本改变陆上的僵持局面。

为了打破僵局，六月初英国决定增派五个师的兵力继续支援战役。8月6日，汉密尔顿在加巴岬发起新的攻势，同时派出两个师的兵力在苏夫拉湾登陆实行奇袭，目的在于两支兵力会合一起，拦腰切断加利波利半岛。但这一次进攻再次暴露出计划、组织方面的失误和混乱，指挥上的优柔寡断。多数部队被陡立的山脊与无法逾越的沟壑所阻。一个由英国人和尼泊尔人组成的混合营经过拼死厮杀，到达了制高点，甚至可以俯视达达尼尔海峡了。但他们首先遭到很可能来自自己舰队的强烈炮火的袭击，随后被穆斯塔法·凯末尔指挥的土耳其军队赶下了山脊。两地的进攻和登陆都遭到土耳其狙击手和炮手的猛烈还击。在苏夫拉湾登陆虽已成功，但也像其他地方一样很快被困在海滩。8月10日，第一次全面进攻暂时完全停止。在这次进攻中，不足五万的作战人员中，死、伤、失踪者总数共约一万八千人。8月21日至22日，英军在苏夫拉湾的进攻又一次失败，一万四千作战人员中，竟损失五千三百人。在八月，英法联军共伤亡四万人以上。

11月间，英法登陆部队遭到一场罕见的自然灾害的袭击。最初是雷阵雨，随后是24小时的倾盆大雨，继之是雨夹雪，然后转入令人目眩的暴风雪，地上雪深达两英尺。双方对这突如其来的袭击都全然没有准备，被淹死在战壕里的计一千人，冻疮患者逾五千人。

至11月，英国方面已充分意识到，加利波利战役是一场失败，决定撤退。撤退由汉密尔顿将军的继任者查尔斯·门罗将军主持。澳新联军的士兵在连续五个夜晚，按精心制定的时间表撤退，在四个白天内，巧妙地装出人员充足的样子，模拟出与平时一样的步枪和火炮的射击效果，竟使敌人对撤退毫无觉察。在海勒斯地区，尽管土耳其人曾发动过一次猛烈进攻，英军仍仅在一个多星期里便撤走了全部步兵和炮兵。撤退从12月19日开始，于1916年1月9日完成，撤退中竟无一人伤亡，撤退成功的最主要原因是计划周密，纪律严明，严格按照合乎实际的时间表进行。这次撤退被人称做是"前所未见的杰作""战争史上最出色的一次两栖撤退"。

撤退虽然异常出色，进攻却是一场惨败。整个战役中，除海军损失外，英法部队共伤亡25万人（其中英国21万人，法国四万七千人），经过七个月的战斗，仍然停留在四月份所占位置上。土耳其人也有同样数量的伤亡，但他们守住了通往达达尼尔海峡和君士坦丁堡的要塞基利迪尔巴希尔。英法联军进攻战役失败的原因是：最初缺乏陆海军的密切协同配合，攻击行动缺乏突然性，缺乏充分准备，组织混乱，对敌方情况不明，指挥上时而盲目乐观，时而犹豫不决。

这次失败当时使许多人威信下降，导致英国军政界一系列人事变动。丘吉尔被迫离开了海军大臣的职务。费歇尔1915年5月因抗议向爱琴海增派军舰而辞职，从此结束了他的事业。陆军大臣基钦纳离开了主持战争委员会的岗位。汉密尔顿再也没有被授予战地指挥权。首相阿斯奎斯因参与作出达达尼尔海峡——加利波利半岛战役的决定，后来也因此被劳埃德·乔治所取代。

但整个战役设想并非不具有新奇可取之处。如果战役成功（也的确险些成功），便可能使俄国暂时免于崩溃，使巴尔干中立国倒向协约国方面，使土耳其瘫痪，甚至可能大大缩短战争进程。所以有人评论说，失败的错误"并不在于观念本身，而在于怎样把观念付诸实施方面。"也有人认为，"从历史的角度回顾君士坦丁堡战役，它却是第一次世界大战中最具正确战略观点的一次行动。"还值得一提的是，加利波利半岛战役是有史以来最大的一次两栖进攻战役，它对未来战争具有相当影响，提供了足够的经验与教训。

日德兰海战

1915年1月多格尔沙洲交战之后,英、德双方在北海都在继续加强海上兵力,军舰数量不断增加(主要是一些轻型舰艇)。但在一年多的时间内并没有发生重大冲突和交战,更没有发生重兵力之间的总决战。所以出现这种局面,是因为双方都害怕过多地失去舰艇,失去威慑或均衡的力量,特别害怕遭到水雷和潜艇的攻击,造成得不偿失的损失,总想在绝对有利、比较安全的条件下交战,达到削弱对方的目的。实际上这种条件是很难碰到的。

英国海军继续实行对德国海军的封锁战略。日德兰海战前两个月,英国海军上将杰利科在给海军部的一

份总结报告中提出英国大舰队的三项任务即：消除德国公海舰队的任何敌对行动；保护自己贸易；破坏敌人贸易。并明确提出，只要把德国公海舰队封锁在港内，便意味着实现了上述三项任务。

德国公海舰队的海军上将波尔比其前任更加小心谨慎，完全遵从德皇旨意，从未让公海舰队远离基地，只是开展潜艇战，布置水雷，派出飞艇轰炸英国港口。

1916年1月，波尔发现患有严重疾病。德皇在众多海军高级将领的要求和压力下，1916年2月任命富于进攻性和挑战性的海军中将瑞因哈特·舍尔任公海舰队指挥。

舍尔继续执行小型战争的方针，但比以往更积极地展开舰队活动。他的目的是通过小型进攻活动，引诱英国舰队出海，如遇较弱对手就加以攻击，对手强大便施放烟幕逃走。为此，他从2月10日起，先后策划和发起了三次奔袭活动。

2月10日，德国一支驱逐舰队到多格尔沙洲一带活动，进行试探性侦察。三周之后，配合齐柏林飞艇攻击，公海舰队开到荷兰的特赛尔岛以西，希望把英国的轻巡洋舰和驱逐舰引诱出来。这次行动被英国察知，大舰队驶出港口。但大舰队到达出事地点时，舍尔已回到基地。4月24日至25日，发动一次更大的奔袭活动，出动了几乎全部军舰，11架飞艇和几艘潜艇。25日晨突击中队攻击了洛斯托夫特和亚茅斯，飞艇轰炸了英国的几个港口，英、德双方的轻兵力发生遭

遇战，两艘英国轻巡洋舰受伤。

舍尔的几次行动都没有达到目的，但仍不断构想诱敌出击计划。舍尔的计划是以希佩尔指挥的巡洋舰、驱逐舰为诱饵，到斯卡格拉克海峡和挪威海岸一带进行佯动，在其之后50英里跟进的是他自己指挥的公海舰队的全部力量。如果英海军追击希佩尔，他只进行象征性的抵抗便把追击者引到舍尔舰队的射程之内。舍尔预料，英国大舰队不会轻易出海拦截德国的引诱兵力。希佩尔指挥的第一、第二中队的巡洋舰分舰队于5月31日凌时一时起航，于31日拂晓前到达挪威海岸附近。半小时后，舍尔率领战列舰主力出海。

英、德双方兵力，英国占有明显的数量优势。双方兵力对比如下：战列舰英、德数量对比为28∶22（德国有六艘前"无畏"级），战列巡洋舰比例为9∶5，装甲巡洋舰为8∶0，轻巡洋舰为26∶11，驱逐舰（鱼雷艇）为77∶61。英国火炮数量和战舰速度也有相当优势。英、德战列舰和战列巡洋舰上火炮数量对比为344∶244，英国战列巡洋舰的速度比德国的任何一艘战列巡洋舰的都要高，其战列舰的速度要高出1~4节。德国人因缺乏巡洋舰，不得不把鱼雷艇作为巡航之用，以此增加巡视屏幕。

双方在侦察，通讯联络方面都比较落后。德国海军有几架"齐柏林"飞艇，因不很可靠没有起飞。当时英国最大飞机母舰"坎帕尼亚号"（1915年5月1日开始服役，排水量20000吨，可搭载12架水上飞机）本计划随杰利科战列舰队一起出发，由于信号错误和引擎出了毛病，迟至5月31日凌晨二时才起锚，这时离主力舰队已有四个小时的航程。杰利科得知其处于单舰航行状态，其周围又有德国潜艇活动，为预防不测，令其返航。同日上午九时，"坎帕尼亚"回到斯卡帕湾。另一艘轻型水上飞机母舰"恩加丹号"，编入了比蒂舰队。全面战斗爆发前一个小时，比蒂于31日下午2时47分命令一架"哨特——184号"飞机起飞侦察。飞机飞到距敌舰2500米高空处，侦察到了敌舰队的方位和编成。但在下午3时45分机上汽油管爆炸，被迫下降。又由于"恩加丹号"上的无线电设备发生故障，没有及时把获得到的情报发送给比蒂，实际没有起到侦察作用，此后飞机再也没有起飞。战斗时刻,"恩加丹号"被派去充当受伤巡洋舰"勇士号"的拖船。当时所有军舰都安装了无线电,但其信息量、功能有限,多数信息仍需通过旗语、探照灯传递,而这种手段又受到战场上浓烟和大雾的限制。舰队规模空前庞大,火炮口径、射程迅速增大,侦察、通讯、联络手段已显得相对落后。这种状况给战斗带来相当影响,交战双方往往不了解对方的位置和部署,指挥员不能掌握战场情况,很难发出准确、及时命令。

5月31日晨,希佩尔率领诱敌的巡洋舰队北去,驶向丹麦和挪威之间的海峡。其编成有第一、第二巡洋舰分舰队(共五艘战列巡洋舰,四艘轻巡洋舰),三支鱼雷艇纵队(共30艘鱼雷艇,一艘轻巡洋舰领航)。舍尔率领公海舰队主力在其后50英里跟进,其舰队编成是:三支战列舰分舰队(共22艘战列舰),一支轻巡洋舰分舰队(五艘轻巡洋舰),四支鱼雷艇纵队(共31艘鱼雷艇,一艘轻巡洋舰领航)。

英国两支编队平行从西向东开进,杰利科在北,比蒂在南,双方保持在约70英里的距离上。杰利科的主力舰队的编成是:三支战列舰分舰队(共24艘战列舰),一支战列巡洋舰分队(共两艘战列巡洋舰),二支装甲巡洋舰分舰队(共八艘装甲巡洋舰),一支轻巡洋舰分舰队及其附加力量(共11艘轻巡洋舰),三支驱逐舰支队(共52艘驱逐舰,一艘轻巡洋舰领航)。比蒂所率领的舰队编成是:两支战列舰分舰队(共六艘战列巡洋舰),一支快速战列舰分舰队(即第五战列舰分舰队,共四艘快速战列舰),三支轻巡洋舰分舰队(共12艘轻巡洋舰),三支驱逐舰支队(共27艘驱逐舰,两艘轻巡洋舰)。

31日下午二时,比蒂正处在杰利科西南,离杰利科19海里处。2时10分比蒂下令舰队向北航行,准备在斯卡格拉克海峡与主力舰队会合。这时,希佩尔舰队也正在北上。英、德舰队各有一艘轻巡洋舰前去查看一艘情况异常的丹麦不定期货轮。两艘敌对的轻巡洋舰差不多同时相互辨认出来,立即向各自的舰队发出"发现敌人"的警报,并于下午2时32分开始相互炮击。一个小时后,两支敌对的海军前卫力量投入全面战斗,日德兰海战开始。

这场大战大体可分为三个阶段：①战列巡洋舰的前卫战阶段；②战列舰战斗阶段；③夜间战斗行动阶段。

第一阶段：前卫战阶段

希佩尔见到英国舰队后，依照原行动计划折向东南，向等在那里的德国主力舰队方向驶去。比蒂命令所有舰只进入"全面待战状态"以22节的航速也转向东南跟踪德国舰队。但第五战列舰分舰队（即快速战列舰分舰队）此时正在整个舰队后方离旗舰"狮号"9～10海里处，没有看到"狮号"所发出的信号。七分钟后，才接到再次用探照灯向其传递过来的转向的信号。第五战列舰分舰队转向东南时，已离战列巡洋舰更远，又由于其航速要比巡洋舰低，因而没能参加最初的战斗，约在双方巡洋舰交战21分钟才参战。第五战列舰分舰队共四艘战列舰，这四艘战列舰都是1915～1916年建成、刚刚下水的"伊丽莎白女王"级战列舰，是当时英国最好的快速战列舰。每艘战舰排水量为27500吨，配有八门15英寸的大口径火炮，14门六英寸的火炮，比蒂没有等第五战列舰分舰队赶来便开始了战斗是他的重大失误。

1916年5月31日下午3时49分，战斗在敌对双方的战列巡洋舰之间展开。战斗开始后立即显示出德国海军射击技术高于英国海军，也再次暴露出英国战舰装甲和防护性能差

的缺点。战斗中，几乎每次德国的齐射都击中目标。3时56分时，"狮号"便被击中两次，两个炮塔被打掉，100名官兵当即阵亡。起火后，火势殃及火药库控制室。身受重伤的炮塔指挥官，皇家海军轻步兵少校F·J·W·哈维急中生智，下令向弹药库放水，"狮号"才以得救。由于他的勇敢和机智，哈维少校死后被授予维多利亚十字勋章。约下午四时，英国战列巡洋舰"不懈号"被德国战列巡洋舰"冯·德·塔恩号"打中两炮，弹药库爆炸，顷刻间连同其1017名官兵沉入海底。下午4时10分，英国第五战列舰分舰队赶来参战，它立即取得了一些战果。德国的"塔恩号"被打坏两座炮塔，进水600吨，另一艘战列巡洋舰"赛德利茨号"也被打坏一座炮塔。但由于第五分舰队在西边，德舰在东边，能见度较差，加上战场上的滚滚浓烟，都妨碍了它的射击效果。同时，德国军舰继续发挥其射击优势。4时26分，德巡洋舰"德弗林格号"和"赛德利茨号"击沉了英国战列巡洋舰"玛丽王后号"。德国的穿甲弹的一次齐射，穿透了它的九英寸的钢板，几分钟后这只26500吨的巨舰便冒着火焰和黑烟沉入海底，1275名官兵中仅九名被救起。至此，英国已损失两艘战列巡洋舰，除"新西兰号"外，其余也都受伤。比蒂站在受伤的"狮号"上，带着烦恼的神色，对他的将官们说："我们这些该死的船今天有点儿毛病。"

与巡洋舰交战的同时，双方的驱逐舰用鱼雷展开对攻，混战中双方各损失两艘驱逐舰，德国战列巡洋舰"赛德利茨号"遭到一枚鱼雷打击。

下午4时38分，离"狮号"两英里远的英国轻巡洋舰"雨安普顿号"观察到了德国战列舰，立即向比蒂发出了惊人的报告："东南方向有战列舰"。原来比蒂和杰利科根据海军部的情报，一直认为舍尔仍在威廉港。这时，比蒂才了解到已落入敌人圈套和处境危险。为了达到引诱对方的目的，比蒂仍按原来方向继续南行，直到德国主力舰队在地平线上隐约可见时，才180°转弯，全速北去，以便把德国主力舰队引向杰利科方向。

比蒂向北转去时，第五战列舰分舰队指挥海军少将埃文·托马斯离比蒂的旗舰"狮号"七英里远，又一次没有看到转向旗号，不得不与德国的巡洋舰分舰队和舍尔战列舰队的前锋战列舰单独作战，直到下午5时50分，第五分舰队才得以摆脱敌人，也向北急驶。

当比蒂、埃文—托马斯先后向北转去时，舍尔仍然认为英国大舰队主力没有出海，决定追击。英国军舰航速高于德国军舰的，英国前卫力量暂时摆脱德国主力舰队，于下午六时与自己的主力会合，战斗第一阶段结束。

第一阶段的战斗中，显然德国人取得了胜利，英国损失两艘战列巡洋舰、两艘驱逐舰，德国人只损失两艘驱逐舰。英国军舰所受损伤也远比德国为重。希佩尔已按计划把英国前卫力量引向德国公海舰队主力，只是由于德国主力舰队的前锋战列舰航速较低，才未能切断比蒂的退路。比蒂唯一成功之处在于及时转向，逃脱了德国战列舰，开始把舍尔引向杰利科方向。

第二阶段：战列舰战斗阶段

在以战列舰为主的战斗中，大体发生了四次战斗。

第一次是两支主力舰队的巡洋舰之间的一次冲突。

早在下午三时，杰利科已开始向比蒂方向靠近，因此实际上杰利科的主力舰队与舍尔的主力舰队也正在接近。当两支主力舰队距离不到50英里时，即下午5时55分时，双方的侦察兵力，英国的第三战列巡洋舰分舰队与德国的第二轻巡洋舰分舰队首先交火。交战中，德国的三艘轻巡洋舰受伤，其中"威斯巴登号"受重伤，这艘坚韧的轻巡洋舰一直飘浮到午夜才自行沉没。德国的驱逐舰（鱼雷艇）"V-48"号和英国的驱逐舰"鲨鱼号"分别被对方的鱼雷击沉。

第二次战斗是双方主力舰队之间的第一次战斗。

约下午六时，杰利科的战列舰队正以每四艘战列舰排成一纵列，六行并列队形南下，与比蒂的北上兵力相会。但在此四分钟后，杰利科才弄清德国舰队的方位，杰利科遂下令战列舰变换成一路纵队队形。比蒂的战列巡洋舰在战列舰纵队前面就位，负责带路，埃文·托马斯的第五战列舰分舰队居于整个大舰队之后，前面最先交战的侦察巡洋舰迅速撤出战斗，让位给战列舰。这次战斗从下午六时15

分开始,至下午6时45分结束,约进行30分钟。

在战斗的前十分钟内,英国再次遭受重大损失,特别是英国的第一装甲巡洋舰分舰队。其旗舰"防御号"连同海军少将首先被打沉海底。"勇士号"被打成重伤,后被水上飞机母舰"恩加丹号"拖回,第二天在拖回途中沉没。

但战场形势很快发生变化。英国战列舰全部投入战斗后立即使英国在力量对比上占了明显优势,而且杰利科已完成了战术机动,战术队形、能见度都对英国有利。舍尔的前沿舰只立即遭到十几次的致命打击。希佩尔的旗舰战列巡洋舰"吕措夫号"被打得不能行动,希佩尔本人不得不转移到鱼雷艇"G39号"上去,他的第一战列巡洋舰分舰队其他各舰无一不受到严重伤害。舍尔的第三战列舰分舰队的旗舰"柯尼格号"燃起熊熊大火,另外两艘也被击中。由于能见度差、距离大,舍尔的战列舰打不到英国的战列舰,几乎不能还击。

在下午六时,舍尔仍不知道杰利科的战列舰已经来到战场,所以那时让他战线前卫向右旋转两个罗经点,摆出进攻姿态。但17分钟之后,英国战列舰大批出现时,他的幻想才彻底破灭。而且这时整个形势对他异常不利。他决定撤出战斗,于6时36分发出标准海军命令:"转向右舷作战",即"全体一齐向后转"。他的整个舰队在鱼雷艇掩护下向西南逃去。德国人在逃跑前发动了一次突击。德国战列巡洋舰"德弗林格号"本身虽已被击中数次,在临逃跑前,6时31分时仍向英国第三战列巡洋舰分舰队的"无敌号"发出一次齐射,引起"无敌号"的火药库爆炸,四分钟后这艘17250吨的大型巡洋舰被炸成两段,英第三战列巡洋舰分舰队指挥胡德海军少将,该舰舰长等一千余名官兵全部葬身海底,仅八人得救。

下午6时45分,德舰队已完全消失在烟雾之中,第二次战斗结束。

第二次战斗中尽管英国人损失较大,但一直处于战术上的有利态势,有可能切断德国公海舰队逃回基地的退路。公海舰队还没有从可能的灾难中摆脱出来。

第三次战斗是双方主力舰队之间的第二次冲突。

第二次战斗之后,杰利科并不

知道敌人去向，更害怕触到水雷和受到鱼雷攻击，不仅没有紧迫舍尔，反而命令舰队倒转航向，然后再稍稍改变一下航向，使自己舰队处在敌舰队与其基地之间的位置上，并形成一个浅浅的新月状队形。舍尔在向西逃去时，明白自己有被切断退回基地的退路的危险，决定穿过英海军后方向本土突进，于下午6时55分第二次发出"全体一齐"转向命令。由于计算上的错误，7时10分，德国舰队向东行进时，闯进英国舰队中部。英国舰队缩短距离，于7时12分，战列舰全部开炮射击，再次爆发了主力舰队之间的冲突。

这次英国仍处在有利位置。英国方面具有较好能见度，所有战列舰的大炮都进行有效射击，又处于包围态势。德国方面只有前面的几艘战列巡洋舰和战列舰可以反击。希佩尔的各舰再次受到严重打击，原希佩尔的旗舰"吕措夫号"遭到又一次打击后燃起大火，保护它的鱼雷艇只好向其施放鱼雷加速其沉没。"赛德利茨号"的甲板下载有近5000吨海水在海上晃动。"德弗林格号"的主炮塔全部报废，甲板上横陈500具尸体。德国两艘战列舰也受到重伤。英国方面仅一艘战列舰受到一次打击。舍尔为了把敌人注意力从大型军舰方面引开，命令鱼雷艇攻击敌舰队中央，但全无效果，没有一枚鱼雷击中目标，一艘鱼雷艇反被敌方击沉。

面对严峻形势，舍尔发出第三次"全体一齐"向后转的命令。这次转向虽然更加危险，由于德国舰长们的积极和勇敢，毕竟完成了。下午7时35分，德国速度最高的第三战列舰分舰队再次西去，战列巡洋舰紧跟其后，德国大型军舰很快消失，英国人停止炮击，大约15分钟的战斗结束。杰利科担心敌方鱼雷攻击，转向与敌人相反方向，双方距离进而扩大，直到下午八时，杰利科感到已够安全了，才掉头跟踪敌人。

第四次战斗是英国轻兵力发动的一次短暂的进攻。

下午八时英国舰队开始追击，追在前面的比蒂8时7分时与德国舰队相遇。比蒂因自己的战列巡洋舰已有相当损失，便以轻巡洋舰、驱逐舰向德国舰队发起攻击。在比蒂之后的英国第二战列舰分舰队指挥，海军中将马泰因·基拉姆，坚持僵硬的"随前舰之后"的教条，拒绝开炮，放弃了战列舰进攻机会。杰利科直到9时10分才得到比蒂与德国舰队发生冲突的消息。31日下午8时40分，德国舰队再次完全消失，白天战斗至此结束，战斗进入夜间阶段。

第三阶段：夜间战斗行动

这一阶段的战斗以双方驱逐舰（鱼雷艇）发射鱼雷进行攻击的一连串冲突为其特点。

舍尔的最终目的是取道合恩礁水道，返回基地。为了突破英国舰队的追击封锁，舍尔不惜进行夜间决战。德国舰队对夜间战斗是有准备和训练有素的。

杰利科不愿夜战。他害怕水雷、鱼雷和潜艇给大型军舰造成得不偿失的损失，并且认为夜战难以区分敌我，可能导致一场灾难。比蒂同样认为"夜间接敌是不合意的和不适当的。"杰利科在31日夜间9时17分开始把舰队编成四个纵列的夜间巡航队形，把驱逐舰部署在后面9000码的地方以防鱼雷攻击，同时发出"无夜间战斗意向"的信号。他打算在舍尔和德国海岸之间的几条途径上巡逻到清晨，等到白天进行决战。但他没能确定舍尔到底通过哪条途径返回基地。

在夜间，杰利科也一直没有弄清德国舰队的位置。实际上，在前半夜，两支敌对舰队大体按平行航线上航行，相距约六英里，但双方谁也不知道这种情况。英国的几支分舰队曾先后三次观察到德国舰队，但都没有向杰利科报告，而从海军部发来的情报又与舰队本身观察到的情况相矛盾。不过，其间仍不断发生零星战斗。31日夜10时10分，德国的第二轻巡洋舰分舰队与英国的第十一驱逐舰支队发生冲突，英国支队领航轻巡洋舰"卡斯特尔号"受伤。10时15分，英国第二轻巡洋舰分舰队与德国第四

轻巡洋舰分舰队发生三分钟的交战，英国的"都柏林号"和"南安普顿号"受伤，德国的"斯梯林号"和"弗劳恩洛布号"受重伤，后者于10时45分沉没。

午夜前后，德国舰队开始向全恩礁水道方向行进，从英国舰队尾部后面驶过，从11时30分开始爆发了一连串的冲突和混战。双方进行了鱼雷战，各种舰艇彼此碰撞。德国的一艘陈旧的战列舰"帕默恩号"，被鱼雷击中，后于6月1日2时10分沉没。希佩尔的轻巡洋舰"埃尔滨号"撞上了舍尔的战列舰"波森号"，后在二时左右沉没。英国的装甲巡洋舰"黑太子号"误把四艘敌舰当成友舰，在敌舰猛烈炮火打击下爆炸沉没。英国一艘驱逐舰"喷火号"，因撞到德国战列舰"纳绍号"而沉没。这场混战大约在6月1日凌晨二时结束。

德国舰队在6月1日凌晨三时已摆脱英国舰队，3时30分到达合恩礁。在合恩礁附近进行监视的两艘英国战列舰没有把这一情报报告给杰利科。4时15分，杰利科从海军部那里得知：德国舰队已安全到达合恩礁。英国大舰队把海上的幸存者打捞完毕后于6月1日上午11时转向西北，驶向基地斯卡帕湾，战斗完全结束。结果从具体损失看，这次大海战显然是德国的一次胜利。

英国在舰只和人员方面的损失几乎都超过德国一倍，而且德国损失的战列舰"帕默恩号"已经陈旧过时，对今后战斗行动不会产生多大影响。如果考虑到英国方面具有相当数量方面的优势，那就更是德国的一场胜利：德国在力量对比不利的条件下，打击了敌人，摆脱了潜在的危险；而英国不仅丧失了削弱、甚至歼灭敌人的机会，而且遭受了重大损失。

所以出现这种结果，除了指挥、协同方面的原因外，主要是技术上的原因。德国军舰上都安上了较好的瞄准器，炮手进行了严格训练，具有较高的射击技能，收到了较好的射击效果。这次，德国大口径炮的命中率达到3.3%，英国只达到2.2%。德国的战舰比英国的更坚固，具有较厚的装甲，尤其具有较好的防火系统，炮塔下设有防护得很好的垂直通道，如果炮弹在炮塔里爆炸，可以防止火势下窜到弹药库，不会引起灾难性后果。德国战舰内有多层水密门，以防区域进水，贮煤舱也尽量置于舰体两侧，起保护作用。总的来说，德国军舰比英国的具有更强的浮航生存性。所以德国的四艘战舰受到重伤，载着几百吨海水仍能继续航行。英国战舰设计追求的是航速和大口径火炮，忽视其他方面的改进，牺牲了装甲厚度，其关键部位的铁甲比德国的薄50～100毫米，也没有很好的防火设施。在这次战斗中，至少三艘战列巡洋舰是仅被一发炮弹击中后爆炸沉没的。炮弹在炮塔里爆炸，引起甲板下弹药爆炸。最后，德国的炮弹具有更强的穿透力和爆炸力。德国的炮弹装有定时信管和稳定而猛烈的"TNT"炸药。英国炮弹装的是苦味酸炸药，这种炸弹一经震荡或撞击便可爆炸，所以往往只在敌舰表面上爆炸。不能穿透铁甲。上述这些缺点在前几次海战中早已暴露出来，皇家海军对此未予足够重视，以致在这次大战中造成了更严重后果。

尽管德国海军取得了战术性胜利，英国受到较大损失，但这场海战并没有改变双方力量对比和德国海军处境。到6月2日，英国大舰队的"无畏"级战列舰增加到31艘，七艘战列巡洋舰，30艘其他巡洋舰。回到港内12小时后，26艘"无畏"级战列舰，六艘战列巡洋舰，便可以随时出海作战。公海舰队只有18艘"无畏"级战列舰，四艘战列巡洋舰，九艘其他类型的巡洋舰。其中四艘战列舰和所有战列巡洋舰都需要大修，直到1916年年底才返回基地。英国大舰队继续控制北海水面，德国公海舰队仍然被封锁在港内。

这次大海战中，双方在指挥和战术方面都存在一些严重缺点和不足。首先，双方舰队都仍然采用了线式战术。均想以长长的单纵列或平行航向对敌，使庞大的舰队缺乏机动性。其次，双方都迷恋于"大舰巨炮"主义，忽视轻兵力轻巡洋舰和驱逐舰的使用，特别是没有使用潜艇。火炮是主要武器，被击沉的25艘舰艇中，17艘被火炮击沉。再次，双方指挥都表现出优柔寡断。这并非是他们本人的怯懦无能，主要是因为缺乏可靠的通讯和侦察手段，缺乏准确及时的情报，缺乏对付轻兵力的准备和经验。

日军偷袭珍珠港

珍珠港，位于太平洋中部夏威夷群岛的瓦胡岛南部。东距美国西海岸2090海里，西距日本3200海里，是美国在太平洋上的重要海军基地，也是美国和远东、西太平洋之间的海上交通要道，战略地位十分重要。第二次世界大战中，震惊世界的珍珠港事件就发生在这里。

偷袭珍珠港的想法最初是日海军将领山本五十六提出的。1939年9月1日，山本就任日本联合舰队司令长官的第二天，德国军队大举进攻波兰，第二次世界大战爆发。山本深感日美交火已迫在眉睫。从此以后，山本就常在他的旗舰"长门号"深思，考虑一个能一举击败美

国海军的制胜方案。

1940年，山本五十六在主持联合舰队一次战术演飞中发现，无论战舰如何回避，飞机总能将其击中。山本五十六对此十分留意，在研讨会后，他对参谋长福留说："我们就不能用这种方式去进攻珍珠港吗？"此时，日军大规模入侵中国已有三年时间，深陷泥淖难以自拔。如再同美国作战，势必要考虑到将会遇到许多困难，还要防备苏联在北面插上一刀。所以，山本认为，不战则已，开战之初就须全力以赴，孤注一掷，突袭夏威夷，歼灭美国太平洋舰队，扫清日军南下行动的主要威胁。1941年10月19日，军令部长永野修身大将同意了山本的计划。

在此之前，联合舰队早就开始进行临战训练了。山本特意挑选了港口狭窄、四周环山的鹿儿岛进行秘密训练，这里地形和珍珠港十分相似。他还特意调渊田津雄中佐担任第一航空飞行总指挥官。珍珠港内水深仅12米。当时日本海军的94式鱼雷性能优良，爆炸力强，但从飞机上抛下后，凭着强大的惯性入水深度远远超过12米，一旦鱼雷一头扎进水底淤泥里，就难以奏效了。海军航空本部中佐部员爱甲文雄研制出加了稳定水翼的91改式浅水鱼雷，由飞机俯冲超低空投掷，就能在浅水中有效地攻击目标。飞行训练完全模拟攻击珍珠港的实战程序进行。飞行员驾着飞机从樱岛半山腰起飞，钻入甲寅川峡谷，以50米高度在谷内曲折穿行。当飞机降至20米，甚至五米时，立即发射鱼雷。稍不留神，飞机就会栽入水中。这种疯狂的行径，连鹿儿岛的居民也惊呆了。水平轰炸机在离鹿儿岛不远的有明湾的海军靶场训练。海岸上画出与美国"西弗吉尼亚号"战列舰一样大小的白色标志，作为投弹目标，最后达到3000米高度投弹误差不超过30米的精度，保证80%的命中率。

11月4日拂晓，联合舰队在佐伯湾进行最后一次特别演习，水平轰炸机、俯冲轰炸机、鱼雷攻击机、战斗机编队突击，达到了预定目的。次日，日本御前会议通过了《帝国国策实施要领》，初步决定12月初对美、英、荷等国开战。为隐蔽作战意图，日本政府派出来栖三郎为特使，赴美国同日本驻美大使野村吉三郎一起同美国方面谈判。

11月22日，由南云忠一海军中将指挥的日本海军机动部队31艘军舰已到达千岛群岛的择捉岛的单冠湾，集中完毕。其机动兵力有航空母舰六艘："赤城""加贺""苍龙""飞龙""翔鹤""瑞鹤号"；战列舰两艘："比睿""雾岛号"；重巡洋舰两艘："利根""筑摩号"；轻巡洋舰"阿武隈号"，以及驱逐舰九艘、潜艇三艘、油船八艘。

11月26日晨六时，日本海军机动部队秘密起航。单冠湾出口，正在警戒的一艘巡逻艇发出灯光信号：祝一帆风顺！"赤城号"随即答道：谢谢！除了南云等几个人外，绝大多数官兵并不知道此行的目的地。舰尾的旭日旗哗哗响动，士兵们望着逐渐远去的海岸，响起了"万岁"的呼声。

舰船排成航行队形前进。六艘航母居中，成两列纵队，后边是油船。战列舰和重巡洋舰在四角掩护，外围是轻巡洋舰和驱逐舰。三艘潜艇在队列前方200海里进行航路巡弋，为舰队开道。舰队航速保持14节，严格实行无线电静默，只收听东京和檀香山的电台广播。机动部队走的是风急浪高的北航线，虽条件恶劣，航程较远，但被美军飞机和舰艇发现的机会要少得多。

12月7日，星期日清晨，驻夏威

夷的大部分美军官兵经周末狂欢后仍在呼呼大睡。这时，瓦胡岛上有两个新兵在好奇地摆弄雷达兵器，突然发现荧光屏上映现出大片光点。他们连忙打开教科书，书本知识告诉他们，此刻在距岛132海里处有一大群飞机正向瓦胡岛飞来。两个新兵心急火燎地打电话报告陆军情报中心，却遭到了值班军官的嘲弄，教他们少管闲事。原来，今天早晨美国空军有一队"B-17"轰炸机从本土飞来。值班军官与一位熟悉的"B-17"飞行员相约，当飞机抵达瓦胡岛时，他将大声播放夏威夷音乐。因而他没有向上级报告情况，却打开收音机放起了音乐。

音乐声中，停泊在珍珠港内的86艘美军舰船有的开始举行升旗仪式，有的仍无动静。387架作战飞机受阅般地整齐排放在机场。军营伙房已经开始冒起了炊烟……

美国人哪里知道，早在凌晨四时，日本舰队就已开到预定战斗位置，摆开攻击队形。六艘航空母舰排成两列纵队供飞机起飞。在旗舰"赤城号"的飞行甲板上，日本空袭飞行总指挥渊田中佐从他的总指挥官座机中向第一波攻击机群下达了命令。顿时，六艘航空母舰上的蒸汽弹射器全部开动。不一会儿，183架鱼雷机、俯冲轰炸机、战斗机分成三层，排着整齐的队形向瓦胡岛方向飞去。渊田中佐在收听到夏威夷檀香山电台广播后，向全体下令："现在开始利用广播电台信号导航！"

珍珠港以北空域，黑压压的攻击机群出现了。从空中看，珍珠港内停泊的军舰、机场上停放的飞机历历在目，渊田中佐兴奋地举起信号枪，探出身子向机外发射了一发红色信号弹。顿时，"呼啦"一声，日机立即散开成战斗队形，按事先分工，各自占领了有利高度。鱼雷机降低高度，俯冲轰炸机爬高，战斗机在外层高空巡逻警戒，一切进行得井井有条，丝毫不乱。这时，渊田中佐的指挥机上发出了密码电报"突，突，突……"指示各机可以攻击。这时檀香山的时钟正指向7时53分。

日军机群像饿虎扑食般地投入了攻击。53架俯冲轰炸机分四路冲向惠列尔、希凯姆、埃瓦、卡内欧黑四个美军机场，重250千克的炸弹纷纷落下，各机场顿时浓烟滚滚、弹片纷飞,爆炸声、警报声、叫喊声响成一片。一些勇敢的美国飞行员钻进飞机,在被炸得坑坑洼洼的跑道上强行起飞,日军"零"式战斗机马上赶来,用密集的弹雨将其击落。地勤人员和部分飞行员发狂般地冲向被炸得破烂不堪的飞机,操起机载航空机枪对空扫射,仍然无济于事。希凯姆机场的地勤人员甚至击落了一架刚刚升空的美机。八分钟内,美军四个机场全部瘫痪,日本人轻而易举地摧垮了瓦胡岛的空防。

与此同时,45架鱼雷机逼近港内的军舰,鱼雷航迹在珍珠港的浅海上纵横交错,剧烈的爆炸声不绝于耳。尤其受损严重的是停靠在外侧的战列舰,几乎每一艘都遭到了数次鱼雷攻击。白色的水柱冲天而起,又黑又红的火柱,冲起百多米高。"亚利桑那号"战列舰中鱼雷后引爆了弹药舱,舰体巨大的破片被抛至数十米的空中。在强烈的爆炸波作用下,该舰1177名官兵牺牲,其中有36对兄弟和父子。"西弗吉尼亚号"战列舰起码中了六条鱼雷,左侧几乎全被揭掉,暴露的"内脏"翻滚着火舌,不一会它便翻倒在水泊中,激起一阵巨浪。

"俄克拉荷马号"被12枚鱼雷击中,被炸得变了形,顷刻便沉入海底,海面上仅残留着小半截仍在冒烟的船尾。"加利福尼亚号"被三枚鱼雷击中,由于采取了对称舷注水法才使其在海面上停留了不到一小时。另外,"马里兰号""田纳西号""宾夕法尼亚号"也遭受了不同程度的损伤瘫在军港内。只有"内华达号"在舰首中雷后,反应灵活的轮机兵迅速启动了两台主锅炉供气,它喘着粗气离开了浓烟烈火笼罩着的军港。

渊田中佐在空中盘旋的指挥机中将这一切全看在眼里,他回头向报务员做了个手势,报务员立即会意地按动电键"虎,虎,虎……"日军大本营收到这个表示偷袭成功的电报,顿时沸腾起来,山本五十六也露出了平时极难看到的微笑。

8时54分,第二攻击波的171架飞机赶到珍珠港,对乱糟糟的珍珠港实施了"二次打击",以图扩大战果。鱼雷机开始搜寻未被击中的舰船,将一枚枚鱼雷射向那些死里逃生的舰船。稍后赶到的一队俯冲轰炸机正好遇上了"内华达号"战列舰,不由分说地便开始俯冲投弹,然而飘浮在海面上油料的燃烧使空中不容易看清这艘也在燃烧的军舰。"内华达号"发挥舰载高射炮多的优势，将大量的高射炮弹雨泼向空中，先后有六架日机被击中坠海。"内华达号"没有再受到损伤，然而最终还是因慌不择路一头撞上了浅滩，像条搁浅的大鲸鱼似的卧在那里动弹不得。

美机共起飞了25架，但因仓促升空和协同不好等原因，几乎全部成了"零"式战斗机的牺牲品。就在日军第二波攻击机机群开始返航时，向珍珠港方向开进的美国"企业号"航空母舰上起飞了18架俯冲轰炸机，该机群与从美国本土飞来的12架B17轰炸机会合后，向瓦胡岛飞来。不巧正迎头碰上了"零"式战斗机，这些得胜后的日机苍蝇般地粘上美机就打，毫无准备的美机纷纷坠落。只有八架好不容易突破日机的阻击来到珍珠港上空，没料到迎接他们的是打红了眼的美军猛烈的高射炮火。当基地指挥部接到飞行员呼救的电报，赶紧向各阵地、各舰船发出停止对空射击的命令时，珍珠港上空已经没有一架飞机了。

珍珠港的大火一直烧到12月9日，呈现在人们面前的景象惨不忍睹。军港里有五艘战列舰、两艘巡洋舰、七艘驱逐舰和五艘其他舰船被摧毁，另有30余艘舰船受伤。机场上躺满了作战飞机的残骸，300多架仅剩十几架勉强可以飞行。这一仗，美军亡2403人，伤1178人，而日军只付出了29架飞机、55名机组人员的代价。1958年，美国在被炸沉的战列舰"亚利桑那号"上建立了纪念馆，在沉船上面建有白色的陈列馆和镌刻着烈士英名的大理石墓碑。每年都有不少人乘交通艇至"亚利桑那号"纪念馆参观，瞻仰为反法西斯捐躯的先烈。

日本海军航空兵使美国海军蒙受了有史以来最惨重的一次损失，激起了美国举国上下的愤慨。美国总统罗斯福抓住时机把12月8日这一天定为"国耻日"，并立即向日本宣战。接着，英国、澳大利亚、荷兰等20多个国家也对日本宣战。中国国民党政府在抗日战争已进行了四年多后，于12月9日跟着对日宣战。12月11日，德、意两国对美宣战，第二次世界大战扩大到了整个太平洋地区。

四战爪哇海

1942年1月间,日本南下入侵的战略态势,恰似一只巨大的章鱼,从东、北、西三面向荷属东印度(今印度尼西亚)伸出其侵略魔爪。

荷属东印度是控制亚、澳两大陆和太平洋、印度洋海上交通的咽喉要道,又盛产石油、橡胶、锡、煤等战略物资,久为日本军阀垂涎,是日军南下的主要战略目标。

1月20日,在望加锡海面巡逻的盟军潜艇发回惊人急电:一支日本舰船队正经由婆罗洲与西里伯斯岛的望加锡海峡全速南下,其中运输舰、货船共22艘,由巡洋舰和驱逐舰队护航!

很明显,日军要对油港巴厘巴板下手了!

接电后,盟军飞机立即奉命沿婆罗洲海岸巡航,空袭日本船队。虽报"其战果颇为不小",然庞大的日本

船队锋芒未折,仍继续进逼。哈特上将见状不妙,急令塔尔波特将军率舰队出击。

1月23日,夜幕笼罩着望加锡海峡,塔尔波特率领新式装甲巡洋舰"波伊斯号""马波亥德号"以及驱逐舰"福德号""鹦鹉号""教皇号"和"保罗詹斯号"劈波北上。不幸,"波伊斯号"在航行中触礁,险些沉没,不得已含恨出列。谁知祸不单行,"马波亥德号"涡轮机此时又发生严重故障。面临窘境,何去何从?歼敌心切的塔尔波特审时度势,毅然率四艘驱逐舰继续前进。

夜色如墨。24日凌晨二时,忽见远方透出微微闪光,海风又送来阵阵焚油的气味,水手史密斯报告:前方正是巴厘巴板!盟舰闻讯,加倍警觉起来。

凌晨三点,史密斯忽见由一艘巡逻艇和12艘运输船组成的日本护航船队破浪而来。见此良机,塔尔波特喜出望外,断然下令"攻击!"

四艘驱逐舰开足马力,径直向日本护航舰队扑去。面对盟舰兵临城下,日舰毫无察觉。盟军驱逐舰在距日舰几百米时,迅速发射了鱼雷。瞬间,一艘日船当即中雷,浓烟烈火腾空而起,接着,另一艘日船又遭厄运……

突遭攻击,日舰船晕头转向,目瞪口呆,无所适从。只见强烈的探照灯光柱刺向夜空,炮弹频频在空中炸响——原来,日本人以为遭到了空中夜袭,那些动作快的日舰已经向空中发射了流星弹。

塔尔波特率"福特号"一马当先,其他三舰紧紧跟随,四舰纵横驰骋,如入无人之境,往来冲杀了四次,将48枚鱼雷全部发射完毕。

当漆黑的海空渐渐变成铅灰色的时候,塔尔波特下令退出战场,南返泗水港。此次夜袭,共击沉日军运输船四艘,击伤多艘,日军死官兵约1000人。

巴厘巴板海战(又名望加荡海战)是美国人自珍珠港事件以来,发动的第一次洋面攻击战。但是,巴厘巴板海战毕竟是一场小规模的海上突袭战,此战并未能阻止日军南下的步伐,局势仍然十分严重。2月3日,盟军派遣杜尔曼海军少将率领五艘巡洋舰、七艘驱逐舰再度向巴厘巴板实施突袭,不料这一次却惨遭不测……

2月4日清晨，高速北上的杜尔曼舰队被日本侦察机发现了，54架日机立即从婆罗洲和西里伯斯的机场起飞，扑向盟军舰队。将近中午，日机每九架结成一队，首先向目标显著的巡洋舰"休斯敦号"和"马波亥德号"冲来，盟军舰队无战斗机掩护，处境十分险恶，被迫一边分散闪避，一边对空射击。中午时分，一枚炸弹命中"休斯敦号"，将其后炮塔炸成一堆废铁，50余名舰员当场毙命，舰面燃起了熊熊大火。

13时，狼狈不堪的"马波亥德号"也命中一弹，驾驶装置被炸坏，火舌飞蹿，死伤累累。

杜尔曼见战况不利，急令撤退。两艘受伤的巡洋舰在驱逐舰掩护下，穿海峡驶往芒拉扎港。

此次空袭战，日本人称之为"爪哇海海战"。经此一战，日军得以派大量的舰只开至西里伯斯群岛的望加锡港，虎视爪哇。加之日方拥有陆基飞机掩护，从而掌握了爪哇海的制空权，盟军舰队处境不妙。

不久，爪哇战区西线又传噩耗：日军登陆部队进击苏门答腊岛！杜尔曼闻讯，立即率领五艘巡洋舰和十艘驱逐舰西征增援巨港。不料途中被日机发现。15日上午10时，小泽中将下令空袭盟军舰队。海空激战于午后不久展开，经过三小时鏖战，盟军巡洋舰"厄克塞特号"中弹起火，杜尔曼不敢恋战，连忙率舰返航巴达维亚，不幸中途又遭轰炸。

此战被称为邦加岛海战，盟军虽未遭受重大损失，但由于屡遭轰炸，增援失利，元气大伤，愈陷困境。

当杜尔曼舰队刚刚返回基地，爪哇战区东线又告危急：日军正在巴厘岛登陆。

巴厘岛与爪哇岛近在咫尺，一旦失守，威胁极大。新任盟军海军司令赫尔弗里克中将决定分三个攻击波向登陆巴厘岛的日本舰船进行突袭。

19日黄昏，杜尔曼率舰队从芒拉扎出发，实施首次攻击。但当杜尔曼舰队开足马力驶入狭窄的龙目海峡时，不幸被日舰发现，刹那间，炮弹雨点似的向盟舰洒来，"爪哇号"首先被击中，舰面火焰冲腾。"皮特汉号"遭到两艘日本巡洋舰的炮击，瞬间遍身大火，很快就沉没了。虽然盟舰发射的鱼雷也击中了一艘日本运输船，但日舰此时已完全警觉，铁壁似的挡住了杜尔曼舰队的航路。深夜11时，杜尔曼被迫撤离作战海域，第一攻击波遂告失利。

当宾福德海军中校率领四艘驱逐舰作为第二攻击波从泗水起航开到巴厘海面时，已是20日凌晨。1时34分，盟舰发起攻势，巴厘海战又掀高潮。激战中，两艘日舰被盟舰击伤，但盟舰损失也不小，旗舰"司徒华号"的舵舱吃了一枚炸弹，"鹦鹉号"舵机发生故障，"特隆普号"也被击中一弹。面对占优势的日舰队，宾福特中校只好下令撤退。

凌晨二时，六艘荷兰鱼雷快艇由南面开来，充当第三攻击波，结果仍一无所获。

三个攻击波被日舰各个击破，这对盟军来说，真是一次得不偿失的夜袭战。巴厘岛海战失利使爪哇进一步陷入孤立，危局日益加深。

1942年2月22日，爪哇海面顿起杀气——日军第48师团搭乘41艘船只，在第四水雷战队第二、第九驱逐舰队护航下，摆成前后达30千米的长蛇阵，沿薄雾弥漫的爪哇海面南下。至此，关系到整个爪哇岛的前途和命运，决定盟军能否继续在南洋群岛一带存身立命的泗水海战(美方称爪哇海海战)，处在一触即发之中。

盟海军司令部接获这一情报后，立即命令杜尔曼率舰队迎敌，但两次出击均未捕捉到日舰队踪影。27日下午2时30分，杜尔曼第三次奉命率领五艘巡洋舰、十艘驱逐舰前往迎击。

3时30分，杜尔曼获悉庞大的日本运输船团和护航舰队的确切位置在马威安岛西北60海里处，立即下令："舰队全速前进！无须顾及空袭，搜索和攻击日舰！"

"啊！这可不得了啦！现在如果没有重巡洋舰'那智'号和'羽黑'号的支援，我大船团必定会被歼灭。"当日舰官兵确信盟军舰队正向他们杀来时，十分惊慌，一边惊呼，一边急令运输船团迅速北撤，并翘首盼望高木中将的第五战队能快速靠拢过来。

"轰！轰！"，下午5时46分，盟军舰队在日舰炮射程之外首先开炮了，数十发炮弹落在日本船团左前方，激起了高大的水柱。

身临其境的原为一回忆说："我们水雷战队只有顿足捶胸地眼望着船团被炮轰，除了向敌舰作殊死的突击猛进之外，别无良策。"

在此千钧一发之际，"那智号""羽黑号"从日舰船左后方赶上来，双方舰只在25000米远的距离上展开炮战。最初，盟舰以其准确的炮火，纷纷击中目标，日舰上冒出一股股黑烟。但是，日舰在三架弹着观察机的引导下，命中率也相当高，致使多艘盟舰中弹。

炮战中，狡猾的日军已制定出新的战术：秘密实施远距离鱼雷偷袭，尔后乘敌方混乱之际，迫近猛攻，一举歼灭！

于是，日本第二水雷战队冒着呼啸的炮弹向9000米位置上突进。下午6时5分，日舰向盟舰秘密发射了43枚鱼雷，可是因距离过远，全部落空。日本人见此情景。心急眼红，愈加疯狂，断然将八艘驱逐舰排一列，实施肉搏式强袭。

岂料杜尔曼少将毫不畏惧，指挥各舰勇猛还击，炮弹像雨点一样倾向日舰。交战近一小时，双方胜负难分。此时此刻，爪哇海面，轰轰烈烈，惨烈无比，泗水血战，正达高潮。

日驱逐舰在弹雨中向前猛冲，当逼近到7000米时，田中下令雷击，只见40余枚鱼雷向盟舰飞蹿，形势极其危急。可是，杜尔曼少将临危不惧，率舰队突然向外方作90度大回转，同时放出浓浓的烟幕……

杜尔曼这一巧妙闪避，挽救了盟军舰队，连日方指挥官也大为惊叹。

晚6时48分，盟舰"厄克塞特

号"的锅炉被击中一弹，受伤很重。"神通号"立即冲来，却被盟舰"伊勒托拉号"炮火命中。见此情景，五艘日驱逐舰又凶猛冲过来，但遭到猛烈反击，日舰"朝云号""峰云号"被重创。

激战一小时，双方损失较大。晚6时59分，杜尔曼重整队形，率舰队转向东南退却，日舰为了保证登陆兵力的安全，并期待夜战，遂向北退避，双方在炮击中逐渐拉大了距离。

此刻，杜尔曼认为，首要任务是立即捕捉那群对战局至关重要的运输船团。于是，率舰不断转换航向，搜索海面。孰料于晚10时30分，盟军舰只驶入己方布设的雷区，"周比特号"触雷爆炸沉没。

28日零时40分，盟舰突然发现日舰"那智号""羽黑号"趁月色南航，几分钟后，忽又掉头北驶，并在相距7200米，方位70°的绝好位置上，向盟舰发射了12枚鱼雷。慌乱之中，盟军巡洋舰"鲁特号"及"爪哇号"双双躲闪不及，皆被命中，两舰在熊熊大火中很快就沉没了。杜尔曼与旗舰"鲁特号"上的366名官兵一同葬身海底。日舰正欲乘盟舰陷入混乱之机展开围歼，不料雷声大作，暴雨如注，残余盟舰，趁机逃匿。

海战结果，盟军沉巡洋舰两艘、伤一艘，沉驱逐舰三艘；日方损失运输船九艘(另说五艘)，伤巡洋舰、驱逐舰多艘。

泗水海战曾被认为是"自1916年日德兰之战以来最大的海战"，经此一战，盟军赖以保卫爪哇岛的海上力量渐趋崩溃，盟军大势已去，败局已定。

2月28日凌晨，盟舰"休斯敦号""伯斯号""厄佛仙号"从血染的泗水海面逃脱，抵达丹戎不碌海军基地，突接日军企图在巴达维亚地区登陆的情报，立即进入了临战状态。

28日午夜，正当登陆的日本第16军主力(搭乘运输船56艘，由第七战队和第五水雷战队掩护)开始换乘时，盟军巡洋舰"休斯敦号""伯斯号"率领"厄弗仙号"等几艘驱逐舰和高速鱼雷艇突然冲出。夜幕笼罩下的巴达维亚海面，又爆发了一场激战。

遭此突然袭击，日本运输船团措手不及，秩序大乱，指挥船首遭误击，迅即沉没。盟军飞机凌空投放照明弹，将日舰船形迹暴露无遗，遂成盟舰炮击的活靶子。在此危急之际，山下镇雄中佐机智地与附近的第七战队及第五水雷战队联络，致使日舰势力陡然大增。

3月1日零时十分，盟舰"休斯敦号"被203毫米炮弹击中，接着又中一雷，不久便倾覆了。"伯斯号"连续被十枚鱼雷击中，与驱逐舰"厄佛仙号"先后沉没。夜海激战中，日军沉一艘扫雷艇和一艘运输船，伤六艘运输船。

海战之后，爪哇岛上的盟军完全处于束手待毙的境地。

面对险恶局势，美英荷澳联合海军司令部决定：凡剩余船只火速经龙目海峡、巽他海峡向澳大利亚方面突围。

然而为时已晚。南云舰队、近藤舰队和南方部队本队已奉命向爪哇以南海面出击。

就像一群野蛮残忍的海盗，自3月1日至4日，日舰队共击沉企图逃往澳大利亚的盟军轻巡洋舰两艘、驱逐舰三艘、普通舰船13艘。仅有四艘驱逐舰侥幸逃出爪哇海。至此，庞大的盟军舰队彻底倾家荡产了。

海战的胜利，为日军南下占领爪哇岛打开了大门。3月5日，巴达维亚失陷。八日，日军攻占泗水。九日，占领万隆。3月12日，荷印总督正式投降。至3月15日，日军占领了整个荷属东印度。

至1942年5月初，日本侵略者控制占领了东南亚地区和西南太平洋海域，成功地建立起"外围防御圈"，其土地面积达386万平方千米，是日本本土的十倍多，人口达1.5亿。激战结果，日军共毙伤俘同盟国军队30万，沉伤盟军舰只40余艘，而日军仅伤2.5万人，亡1.5万人，沉驱逐舰四艘（小舰及运输船不计），伤巡洋舰两艘。

面对日军的战略进攻，美军采取了"攻势防御"的策略，积极实施局部主动出击。其中，最引人注目的是，别出心裁、出其不意地对东京进行了空袭……

注：婆罗洲：即今加里曼丹岛

西里伯斯：即今苏拉威西岛

泗水：今苏腊巴亚

巴达维亚：今雅加达

美日中途岛海战

位于太平洋中部的中途岛是一个陆地面积仅4.7平方千米的圆礁，在珍珠港西北1000余海里处，是美国夏威夷群岛的西北门户和屏障。因其地处太平洋海路中途，故称其为中途岛。太平洋战争爆发后，中途岛成了美国的海军航空站最遥远的前哨阵地。1942年4月18日，东京遭美机轰炸后，日本国民惶恐不安，天皇也十分忧虑。为了挽回面子，日军大本营盯上了中途岛。山本五十六制定了"米号作战计划"，进攻中途岛，一是将这颗"眼中钉"拔掉，二是诱出美军的航空母舰，将其一举歼灭，可

谓一箭双雕。

根据"米号作战计划",将有200多艘舰船参战,其中有战列舰11艘、航空母舰八艘、巡洋舰22艘、驱逐舰65艘、潜艇21艘以及700余架飞机。参战舰艇消耗的燃油和航行里程,都将超过和平时期日本海军全年的耗油量和航行指标。

山本把他的部队分为六支大的战术部队。主力部队由山本率领的"大和号""长门号""陆奥号"等七艘战列舰、"凤翔号"轻型航空母舰和三艘轻巡洋舰以及21艘驱逐舰、两艘水上飞机母舰组成;南云忠一海军中将率领"赤城号""加贺号""飞龙号""苍龙号"四艘航空母舰,261架飞机和两艘战列舰、两艘重巡洋舰、一艘轻巡洋舰以及11艘驱逐舰组成第一机动部队;中途岛进攻部队由近藤信竹海军中将率领,有两艘战列舰、一艘轻型航空母舰、两艘水上飞机母舰、八艘重巡洋舰、两艘轻巡洋舰、24艘驱逐舰以及15艘运输舰船、搭载5000人的中途岛登陆部队;北方部队担负袭击阿留申群岛的任务,由细萱戊子郎海军中将率领,有"龙骧号""隼鹰号"航空母舰、两艘重巡洋舰、12艘驱逐舰和六艘潜艇,先遣部队是小松辉久海军中将率领的"香取号"轻巡洋舰及15艘潜艇;岸基航空部队由冢原二四三海军中将率领的214架战斗机、鱼雷机和水上飞机组成。

山本的兵力部署,清楚地反映出"米号作战计划"是"战列舰万能论"的产物。以战列舰为主力,航空母舰作为支援保护战列舰的机动部队。这就犯了现代海战的大忌。因为现代海战中舰队实力的决定性因素已经不是战列舰,而是航空母舰了。

1942年5月27日上午八点整,南云忠一海军中将的旗舰"赤城号"航空母舰的信号桅上升起了信号旗,发出人们紧张等待的命令:"按时起航。"第一机动部队率先从驻岛锚地出发,随后,庞大的联合舰队各部队陆续起航,分别驶往作战目的地——中途岛和阿留申群岛。

然而,日本人没有料到,他们确定的进攻中途岛的作战日期和计划的绝密电报,被美军情报部门破译。

此时,美国太平洋舰队司令尼米兹的情报部门通过破译日方的无线电报,已经了解到日军正在策划一个大规模行动，但还不能肯定日本人在哪里下手。日军无线电通信中多次提到的"AF"，使负责破译工作的约瑟夫 罗奇福特海军少校抓住了线索，他向尼米兹提出了一个解开日军作战目标之谜的方案。这个方案被批准后，他命令中途岛的部队用英文明码向珍珠港拍发了一份假电报，电文提到岛上的海水淡化装置发生了故障。两天之后，一份日军电报向山本报告说："AF"缺乏淡水。

弄清日军的进攻目标和参战兵力后，尼米兹决心以太平洋舰队的全部兵力抵抗日军的进攻。他于5月6日亲临中途岛视察，命令大力加强岛上的防御力量。驻岛飞机立即从24架增加到115架，夏仑上校的海军陆战队第六防御营，配置了高射炮群和岸炮，沿海滩头布设了反坦克地雷。与此同时，珍珠港船厂日夜不停地大干，仅用三天时间就修复了在珊瑚海海战中受伤的"约克城号"航空母舰。在这之前，哈尔西海军中将已奉命率领"企业号"和"大黄蜂号"航空母舰从珊瑚海返回珍珠港。

到6月1日，尼米兹手中已经掌握有三艘航空母舰，八艘巡洋舰、14艘驱逐舰和约20艘潜艇的舰队。他把这少得可怜的兵力分成两支航空母舰特混舰队。雷蒙德·斯普鲁恩斯海军少

将接替因患皮疹住进医院的哈尔西，率领第十六特混舰队，这支舰队有"企业号""大黄蜂号"航空母舰以及五艘重巡洋舰和九艘驱逐舰，第十七特混舰队由弗兰克·弗莱彻海军少将指挥，由"约克城号"航空母舰和两艘重巡洋舰、六艘驱逐舰组成。尼米兹把两支舰队的全面指挥权交给弗莱彻海军少将，命令他："要狠狠打击敌人。"

5月30日上午，这两支特混舰队在弗莱彻率领下从珍珠港出发，驶往中途岛东北部海域待机。与此同时，在中途岛周围100至200海里的范围内，美军19艘潜艇部署了三条弧形巡逻线，从6月1日起，每天数次与飞机一起进行巡逻。

日军对美国编队的行动及美军在中途岛的战备没有察觉，仍按既定方案开始"米号"作战。

1942年6月3日晨，35架日机冒着狂风，穿过乌云，袭击了阿留申群岛的唯一港口荷兰港。次日，日机又再次轰炸了荷兰港。6月7日，日军在阿图岛、基斯卡岛登陆，尼米兹早已洞悉了日军的诡计，仅派了几艘巡洋舰前往阿留申群岛去稳住那里的日军，而把自己注意力全都集中于中途岛。6月3日上午，一架美军PBY"卡塔林娜"式水上侦察机在中途岛以西约700海里处发现了日军运兵船队，当即发出报告。下午，九架B-17式轰炸机从中途岛起飞，轰炸了日军船队。但没有击沉一艘日军舰船。次日晨，又有一批美机攻击了日军船队，仅炸伤了运油船"曙"丸。山本得到报告后，心情懊丧：奇袭的幻想已破产。

6月4日凌晨，南云中将的第一机动部队到达中途岛西北约300海里的地方。四艘航空母舰巨鲸般地卧伏在海面上。

天，黑乎乎的，东方微微露出一点白光，天水线隐约可见。风平浪静的气象条件，为航空母舰上起飞的飞机提供了理想的条件。

4时30分，航空母舰上的大功率照明灯突然亮了。随着可以起飞的命令，"第一攻击波"的72架轰炸机排气管喷出暗红色的火光。护航的36架歼击机的螺旋桨也疾速转动机群绕舰队一周，呼啸着向灰茫茫的东南天际飞去。

隆隆的马达，把"第二攻击

波"的126架飞机也上升到甲板上。南云向日本大本营发出电报："美军尚未察觉我方企图，也未发现我机动部队。"

南云高兴得太早了。其实，这时美国的三艘航空母舰早已到达中途岛东北约300海里的海面上。当日军航空母舰上的"第一攻击波"刚刚起飞，美军水上飞机和雷达立即发现了目标。当日军飞机进入美军防卫圈，中途岛上的美军飞机全部起飞升空。

日军气势汹汹而来，美军亦杀气腾腾迎战。因为有了准备，起飞在空中的美军26架"野猪"式战斗机迎着"第一攻击波"冲来。战斗激烈地进行着，日本人占据了上风。"零"式飞机良好的性能打得"野猪"飞机难以还手，有好几架"野猪"中弹栽入滚滚波涛之中。日军轰炸机突破空中防线后，冒着密集的地面炮火，拼命地俯冲投弹，几枚炸弹扔在油罐上，顿时腾起冲天的大火，地面指挥部、电站也相继被炸毁。

"第一攻击波"首攻中途岛告捷的电报传到"赤城号"上，兴奋之余的南云多多少少有点失望。因为未能歼灭美军的飞机，这实在是心腹大患。他站在指挥室里用望远镜观察，空中什么也看不见，只有几只海鸟在低空掠过。他心中又有了主意。美国飞机能在空中待多久，总要落到岛上加油去吧，到那时，再杀他一个漂亮的回马枪。

7时30分，太阳把水面照得分外壮观。与凄厉的空袭警报显得很不协调。一艘日军驱逐舰喷出缕缕黑烟，向"赤城号"传递着美机袭来的信号。

从中途岛起飞的飞机飞临日军舰队上空。从空中鸟瞰，庞大的南云舰队，正在机翼下悄悄北行。蓝色的大海，灰黑色的军舰，白色的浪花，组成了一幅壮丽的海上画卷。

南云这下看清楚了，是蓝色的美国歼击机，机翼上的五星在朝霞的映照下，一闪一闪的。十架飞机编成两队呼啸着直扑过来。

"零"式起飞迎战，航空母舰的日军高射炮也开火了。不一会，就有七架美机被击中，有一架竟然坠落在"赤城号"的甲板上。这是一架美军的中型轰炸机。南云判断，这是从中途岛上起飞的飞机，航母上这样的飞机不能起飞。于是，他马上决定，对"中途岛"实行"第二攻击波"行动。

南云准备对中途岛实施"第二攻击波"打击，将舰上原准备攻击美舰的飞机全部撤掉攻舰鱼雷而换炸弹。但当炸弹换得差不多时，南云又犹豫了。因为南云将击沉美国航空母舰作为最大的目标，炸弹攻击军舰没有鱼雷威力大。于是，他又命令，撤掉炸弹，再换鱼雷。

日本航空母舰的舰载机做好了攻击美国舰队的准备。甲板上，一架架挂着鱼雷的攻击机处于待飞状态，只要南云海军中将一声令下，它们便马上出动。然而，南云紧锁眉头，一言不发，他派出去寻找美国航空母舰的四架侦察机至今仍无消息报来。

这时，一位参谋军官拿着电报走近南云中将。电报是空袭中途岛空中指挥官发来的，他担心因雾大，攻击中途岛的战果可能不理想。建议再派一批飞机前往轰炸，现在雾小多了，美军地面防空炮火大部被他们压制，若实施不让美国人喘息的连续打击，对扩大战果十分有利。

南云犹豫了。他思索了约三分钟，还是同意了这一建议。他哪里知道，就是这一疏忽，导致了日本中途岛海战惨败的命运。

"赤城号""加贺号""苍龙号""飞龙号"上立即忙碌起来。地勤人员把飞行甲板上已装好鱼雷的攻击机拖回机库，卸下鱼雷改装炸弹。弹药供应人员推着炸弹来回奔跑，穿着褐色飞行服和黄色救生衣的飞行员围着喇叭站着，听里面传出的南云中将参谋长下达的攻击中途岛方案……

当日军侦察机终于报来发现美国航空母舰的消息时，四艘日本航空母舰的飞机已全部完成了对地面目标的攻击战斗准备，飞行人员都进入机舱，待命升空了。

南云海军中将脸色发青，知道自己犯了一个致命的错误。他颤抖着嘴唇下达了重新换装鱼雷的命令，然后一头钻进休息舱。飞行员们低声嘀咕着爬出机舱，筋疲力尽的地勤人员又像上紧了发条似的大干起来。为了抢时间，原先有条不紊的作业程度被打乱了，供弹员直接将弹药运上飞行甲板。于是，飞机旁边，乱七八糟地堆满了鱼雷、炸弹、机关枪(炮)弹和一点就燃的航空汽油输油管道。

正当日本航空母舰上乱作一团

时，美军飞机临空了。这是从"大黄蜂号"上起飞的第八鱼雷机中队的15架飞机，由沃尔德伦海军少校指挥。

9点20分左右，他们终于找到了日军航空母舰，但在途中与护航的战斗机失去联系。尽管如此，他们还是勇猛地向日军发起攻击。日军派出50架战斗机拦截美机。在零式战斗机和日舰高射炮火网的拦截下，笨拙的掠夺式鱼雷机，由于没有战斗机掩护，全部被击落，飞行员中只有乔治·盖伊海军少尉幸免于难。他受伤后从坠落在海面的飞机中爬出，藏在橡皮坐垫下躲过了日机的扫射。第二天被一架美国水上飞机救走。

日本人刚刚松了一口气，9点30分，"赤城号"观察哨报告："敌鱼雷机，右舷30°，低空接近。"这两支鱼雷机中队是从"企业号"和"约克城号"上起飞，分别由林塞少校和梅西少校率领，共有26架老式鱼雷机。他们也因与战斗机失去联系而毫无掩护。勇敢的美机飞行员驾驶飞机紧贴海面，成单纵队队形，直奔日军航空母舰呼啸而来。日军战斗机立即还击。美机一架接一架被日机击落。林塞少校的14架飞机从右舷攻击，被击落一半。梅西机队的12架飞机从左舷攻击，也只剩五架，但仍然义无反顾地冲向猎物。终于，有七架飞机冒着炮火冲到"飞龙号"上空，射出鱼雷，顿时，七枚鱼雷各拖着一条白色雷迹冲向"飞龙号"。"飞龙号"立即向右舷急转，躲了过去。

这是一场真正的勇气和力量的殊死较量。日舰上的士兵，看到这扣人心弦的厮杀，全都陷入狂热之中。飞行甲板上不时响起阵阵狂呼惊叫和喝彩的口号声。这次作战，美机出动的41架鱼雷机，只有六架返回，而且一条鱼雷也未命中敌舰。

然而，美军飞行员的鲜血并未白流。正是这些驾驶着老式鱼雷机的年轻人，用视死如归的勇敢进攻纠缠住日军航空母舰，像磁石一样吸引了敌人的战斗机群和高射炮手的注意力，为几分钟后前来进攻的美军轰炸机创造了极好的战机。

10点20分，刚刚还是铁与血的战场，恢复了平静，3000米高空飘动着大片大片的白云。"赤城号"飞行甲板上，挤满了待命起飞、已经发动的飞机。心急如焚的南云命令庞大的航空母舰逆风航行，以便舰载飞机迅速起飞。

10点24分，从舰桥的话筒里，传来开始起飞的命令。飞行长摇动着小白旗，第一架零式战斗机，开足马力，冲出飞行甲板。再过五分钟，飞机就可全部升空。

然而，就在这短暂的五分钟内，战局发生了彻底转变。

突然，"赤城号"观察哨喊了一声："俯冲轰炸机！"紧接着，从云层中垂直俯冲下来几架黑色美机。舰上的机关炮立即还击，但已经晚了。美机死神般的黑影越来越大，在一片轰炸机的尖嘶声中，巨大的炸弹纷纷落在日本军舰上，惊天动地的爆炸声，机关炮的吼叫声交织在一起。顿时淹没了日舰上的一切。

这批美机是从"企业号"上起飞的37架无畏式俯冲轰炸机。由梅克拉斯基少校率领。由于南云舰队北撤，扑空后向中途岛方向搜索一小时后，发现一艘日军驱逐舰高速向北方航行，于是跟踪追击，来到日舰上空。这正是南云舰队的舰载机开始起飞之际。飞行员们按下机头，借着云层的掩护，凌空而下，在没有战斗机拦截的情况下，从容地将炸弹抛到日舰的飞行甲板上，然后满怀胜利的喜悦拉

起机头返航。

美军的攻击战绩辉煌。四枚重磅炸弹准确地落在"加贺号"的前段、中段和后段。舰长冈田次作大佐当场阵亡，大火烧着了被炸毁的加油管，刚刚加满油的飞机接连爆炸，又引起了堆放在一旁的炸弹的爆炸。一小时后，熊熊大火吞没了"加贺号"。19点25分，随着两声天崩地裂的大爆炸，38200吨的"加贺号"，带着阵亡的800名舰员沉入海底。

"赤城号"几乎与"加贺号"同时被两颗炸弹击中，一颗把飞行甲板中部的升降机炸得翻卷起来，另一颗落在飞行甲板左舷后段，飞行甲板被炸开一个大洞。奇形怪状地向上翘着，青蓝色的火舌贪婪地舔着机库中被炸得尾部上翘的飞机。在大火引起的汽油和炸弹的爆炸声中，致命的碎片到处飞舞，追杀着到处躲藏的人们。不一会儿，飞行甲板上整齐排列的飞机也被烧着，飞机上吊挂的鱼雷开始爆炸，整个机库成了一片火海，火焰迅速向舰桥上燃烧，舷梯和甲板被烧得通红。"赤城号"完全丧失了作战能力，通信联系中断。南云在参谋长草鹿海军少将和青木舰长的多次劝说下，勉强同意转移司令部。20分钟后，南云与青木舰长告别后，从舰桥的窗口爬出，率领司令部转移到"长良号"轻巡洋舰上。南云离舰后，青木带领舰员继续抢救"赤城号"，消防人员戴着防毒面具，用笨重的消防设备同大火搏斗。但不断发生的爆炸把他们的努力化为泡影。烈火窜入军舰最下层，将机舱人员全部闷死。18点，青木舰长不得不决定弃舰。在"大和号"上，山本大将接到请示后，命令暂缓处理"赤城号"。已转移到一艘驱逐舰上的青木舰长，接到山本的命令后，独自返回"赤城号"，把自己绑在铁锚上，准备与战舰同归于尽。次日凌晨3点50分，山本海军大将最后下达炸沉"赤城号"的命令。当"野分号"驱逐舰上强大的新型93鱼雷射向"赤城号"时，舰长古闲孙太郎痛心疾首，因为这是他在这次海战中的第一次射击。五日凌晨4点55分，36500吨的"赤城号"在日出前几分钟被海水吞没，舰员死亡263人。

"苍龙号"航空母舰在几分钟内被13架俯冲轰炸机投中三颗炸弹。一颗命中舰身前部飞行甲板，后两颗命中中部升降机，完全炸毁了甲板。烈火迅速燃烧到油库和弹药库。几分钟内也变成一片火海，人员纷纷被赶上甲板。紧接着就是阵阵爆炸，巨大的爆炸力把甲板上不少人掀到海里。中弹后20分钟，舰长柳本作命令弃舰。当人们安全转移到驱逐舰上时，发现柳本舰长还在舰上。曾获海军相扑冠军的阿部兵曹返回舰上准备强行背出舰长，被坚决拒绝。19点13分，幸存的"苍龙号"舰员在近旁的几艘驱逐舰上看着15900吨的庞然大物最后消失，舰长以下718人随舰沉没。至此，美军用损失16架俯冲轰炸机的代价，换取了日本联合舰队主力的毁灭。

美机猛烈攻击后唯一幸存的航空母舰是"飞龙号"。它是第二航空战队司令官山口多闻海军少将的旗舰。在"赤城号"受重创后，山口接过南云部队空中作战指挥权。

10点40分，18架俯冲轰炸机和六架零式战斗机在"飞龙号"飞行长小林道雄海军大尉指挥下，从4000米高空跟踪一架返航的美机，飞向美军"约克城号"。还没到达"约克城号"上空，就受到美军战斗机的拦截，损失惨重，但仍有八架轰炸机飞抵"约克城号"上空。三颗炸弹命中"约克城号"，立即燃起大火，锅炉气压下降，失去航行能力，飞行甲板也被炸开了一个大洞。舰员们拼命扑灭大火，抢修军舰，仅用了30分钟，"约克城号"又以18节航速雄赳赳地开动了。小林率领的机队，有13架轰炸机和三架战斗机被击落。

山口的飞机出发后，突然又接到返航侦察机的报告：发现三艘敌航空母舰。在明显的劣势下，山口命令飞行长友永海军大尉带领十架鱼雷机、六架战斗机发动第二次攻击。这是他现有的全部空中力量。

12点45分，友永驾驶因左翼油箱被打穿而未加满油料的飞机，抱定必死的决心率队起飞，山口少将和在场的地勤人员挥泪向飞行员们招手告别。

14点34分，友永的机队冲出美机的阻截，从2000米高空一下降到100米低空，冲向"约克城号"，开始了自杀性的攻击。友永驾驶黄色机尾的飞机，投出鱼雷后，被"约克城号"上的高射炮火击得粉碎。多灾多难的"约克城号"中了两枚条鱼雷，严重倾斜。15分钟后，巴克马斯特舰长忍痛下令弃舰。由一艘扫雷艇将它拖向珍珠港。两天后，一艘日军潜艇来到1700米处，向它发射了四枚鱼雷。护航的驱逐舰"哈曼号"也被鱼雷炸成两段。当"约克城号"在波涛中消失的时候，护航舰降下海军旗，全体舰员立正列队，向这艘在反法西斯战争中立下赫赫战功的战舰致最后的敬礼。

当友永机队最后一架飞机于16点30分在"飞龙号"甲板降落时，山口只剩下六架战斗机、五架俯冲轰炸机和四架鱼雷机了。从拂晓就投入殊死搏斗的舰员已精疲力竭。

17时，"飞龙号"舰员正在狼吞虎咽地吃年糕饭。为"约克城号"报仇的美机接踵而至。首先是"企业号"的13架俯冲轰炸机，将四枚炸弹扔到"飞龙号"上。立即引起大火和爆炸，巨大的黑烟腾空而起。接着，"大黄蜂号"的轰炸机赶来火上浇油。21点23分，"飞龙号"机舱开始进水，倾斜达15°。这时，从中途岛起飞的B-17轰炸机也赶到助兴。但没有命中"飞龙号"。

次日凌晨2点30分，山口海军少将召集全体尚存的800名舰员集合到"飞龙号"甲板上，命令他们离舰。而自己决定与舰共存亡，加来舰长也决意留下。临别时，他们用一杯淡水与幕僚黯然饮别，山口把他的黑色战斗帽送给首席参谋伊藤海军中佐作为纪念品。

5点10分，东方开始发白，"风云号"和"夕云号"两艘驱逐舰向"飞龙号"发射鱼雷。随着震耳欲聋的爆炸声，这艘庞大战舰开始下沉。418名舰员在这最后的拚搏中丧生。

这次海战，日军损失了战斗力最强的四艘重型航空母舰、一艘重巡洋舰和332架飞机（其中280架随母舰沉没），另有战列舰、重巡洋舰、运输舰各一艘和驱逐舰三艘被击伤。美军则损失航空母舰、驱逐舰各一艘，损失飞机150架。

中途岛的较量，又一次证明了海军航空兵在现代海军中的重要作用，创造了以劣胜优的成功范例。同时改变了太平洋地区的兵力对比，仅此一战便剥夺了日本"太平洋霸主"的地位。从此，美国海军由被动转变成了主动。

诺曼底登陆

战争史上最大规模的登陆战发生于1944年6月6日，一支有史以来最大的登陆部队搭乘4200艘登陆舰船，在法国诺曼底海岸登陆。在历时43天作战中，盟军以288万兵力，13700架飞机，9000艘战舰为突击力量，对德军发动规模最大的登陆战，虽然盟军作出了牺牲，但终于突破了德军的"大西洋壁垒"防线，在法国开辟了第二战场。从此，德军陷入两线作战、腹背受敌的困境，最终导致了德国法西斯的灭亡。

1942年底，苏军在斯大林格勒会战中取得了决定性胜利，开始准备反攻，德军隆美尔军团在北非受到严重打击，欧洲战场形势发生了有利于英美盟军的变化。1943年1月，英美初步达成协议，准备在欧洲开辟第二战场。

1943年11月，英、美、苏三国首脑在德黑兰开会，会议决定，三国组成盟军，英、美在德国北部实施大规模登陆作战，开辟第二战场，苏联红军在欧洲东线发动攻势，牵制德军主力兵团。同年12月，美、英首脑再次会晤，一致同意美国陆军上将艾森豪威尔担任登陆作战总指挥，负责登陆作战的组织、指挥。

1944年1月14日，艾森豪威尔走马上任，亲自组织了诺曼底登陆作战司令部。他的副手是英国的泰勒将军，参谋长是史密斯上将。蒙哥马利元帅任英军地面部队司令。艾森豪威尔上任后，立即和参谋人员研究、修订"霸王作战"计划。这是一个为开辟欧洲西线战场的登陆作战计划，其设想是以登陆部队为突击力量，在飞机、火炮、舰艇的支援下，在法国诺曼底登陆，突破德军防御工事，开辟大型登陆场，让增援部队顺利登陆，进行陆上战斗，夺取最后胜利。

按照"霸王作战"计划，投入诺曼底登陆战的盟军总兵力有：36个陆战师，计153万人；空军飞机13700余架，其中轰炸机5800架；海军舰船9000余艘，其中登陆舰船4000余艘；再加上各种战役保障力量，总兵力达到288万人。如此庞大的海陆空部队要在英国本土集结。美国的士兵、武器、装备、物资，从1943年下半年开始就陆续运至英国。当时的英伦三岛成了世界上最大的兵营和弹药库。

对于登陆地点，盟军参谋人员提出许多方案。可供选择的登陆地点有三处：一是科唐坦半岛，那里地形狭窄，不易展开兵力和向纵深发展；二是加来地区，面对多佛尔海峡，航程短，最窄处只有33千米，有良港，便于上陆，最适合于登陆作战，为此，德军重兵防守；三是诺曼底地区，面对英吉利海峡，地势开阔，可展开兵力，但没有良港，登陆困难，且英吉利海峡风急、浪高、雾多、暗礁林立，但德军防御兵力少。盟军经过反复推敲、研究，最后选定诺曼底海岸为登陆地点。为确保登陆战顺利进行，登陆正面从原定40千米，扩大至80千米。

对于登陆战发起时间选择，要满足两个条件：一是要趁潮水上涨时靠岸；二是要有月光，便于辨认目标。为此，暂定6月5日凌晨实施攻击。

盟军要在西欧登陆，德国早有预见。为对付盟军在西欧的登陆，德军从1941年12月开始，从挪威到西班牙沿岸，筑起一条"大西洋壁垒"防线。这是一道由坚固支撑点和野战工事构筑而成，并布设有地雷和水中障碍物的永久性抗登陆防线。

按照德军统帅部的部署，"大西洋壁垒"防线的重点防御地区是加来地区，在那里部署58个师，其中有海防师33个、攻击步兵师13个、装甲步兵师一个、装甲师九个、伞兵师两个，还在周围海域部署大批舰船、飞机。在诺曼底只部署六个师。

为防备盟军在西欧登陆，加强西线战场，希特勒还把外号为"沙漠之狐"的隆美尔元帅从非洲战场调往西线战场，担任前线指挥官。隆美尔上任后，指挥一支数万人的劳工队伍，在盟军可能登陆的海岸线处，设障碍，拉铁丝网，筑碉堡，造炮台，布设雷阵。

盟军到底在何处登陆呢？德军西线战场总司令伦斯德元帅认定是在加来地区，在那里布置大量步兵师、坦克、重炮，重兵防守。隆美尔对盟军登陆地点曾产生过怀疑。但是，德军情报部门传来的情报表明，盟军登陆地点在加来。

登陆战是海军舰艇部队协同陆军部队在空军支援下，进攻敌人沿海地区的进攻战役，把登陆部队送上敌方海岸。登陆战役是海军战役中较复杂的一种。进行登陆战役的目的是为了夺取登陆场，夺取岛屿和海峡区域。登陆战役分为五个阶段进行：制订计划、部队上船、航渡、登陆上岸及岸上固守。参加登陆作战的部队有登陆部队、登陆舰船、航空兵及海军战斗舰艇。登陆舰船种类很多，有步兵登陆舰、坦克登陆舰、船坞登陆舰、两栖攻击舰、运输货船及其他登陆运输工具。

为什么德军情报部门会作出如此判断呢？

原来，盟军为确保"霸王"作战计划的实施，对德军进行情报战与反情报战。盟军故意在英格兰东部虚设了"美第一集团军群"司令部，发送大量假情报；并在多佛尔海岸附近设立假指挥所，建造假军营、假仓库、假坦克；使用电子器材模拟海上编队和机群活动。为制造要在加来地区登陆的假象，盟军出动航空兵对加来地区德军防御阵地进行轰炸，还让英国蒙哥马利元帅的替身到国外出访，与直布罗陀总督讨论作战计划，故意让德国谍报人员探听到盟军要在加来登陆。

德国情报部门对从各方面汇集到的情报进行汇总与分析，得出这样的结论：盟军登陆地点在法国南部加来地区，登陆时间在六月上旬以后。隆美尔元帅最后也相信了这一结论，德军统帅部直至希特勒对德军情报部门的结论深信不疑。这样，法国加来地区成了德军重点防守地区，而法国诺曼底海岸成了德军防守薄弱地区。

6月5日深夜，在盟军登陆作战指挥部，艾森豪威尔将军焦虑地看着作战地图。原定6月5日凌晨开始登陆作战，由于天气变坏，推迟到6月6日凌晨，据气象专家报告，未来24小时为五级西北风，阴天。但是，此刻英吉利海峡风还在怒吼。艾森豪威尔当机立断，下令开始登陆作战。

英国空军战机首先出动,1136架轰炸机飞过英吉利海峡,在法国诺曼底海岸上空扔下三万余吨炸弹。紧接着,美国第八航空队出动1000多架轰炸机对德军防御阵地进行了轰炸。几小时内,法国诺曼底海岸的德军防御阵地上,每千米正面上承受100余吨炸弹轰击。盟军轰炸机对德军预定目标进行猛烈轰击,压制德军炮火,摧毁沿岸防御工事,消灭了德军沿岸地雷阵,德军损失惨重。

在盟军飞机出动的同时,盟军登陆舰队也出发了。扫雷舰艇打先锋,从德军布设的水雷中打开十多条航道。登陆舰船绕过暗礁,闯过险滩,横渡英吉利海峡。为躲过德军雷达的探测,盟军舰船实施电子战,在空中散布锡箔条干扰物,使德军雷达失去效用。

当盟军的战机完成了对德军防御阵地的空中打击后,登陆舰队的舰船驶近了诺曼底海岸。为登陆舰队护航的盟军战斗舰艇,用舰炮对岸上德军防御阵地进行猛烈轰击,为登陆上岸扫清障碍。6时30分,基准登陆时间一到,英军第一批登陆兵跳出登陆舰的首门,登上诺曼底海岸。坦克登陆舰的大门打开了,一辆辆坦克登上了滩头。由于德军防御阵地已被摧毁,英军登陆部队几乎没有遇到什么抵抗就占领了滩头阵地。一小时后,美军第一批登陆部队登上岸滩,占领滩头阵地。海上登陆的盟军第一梯队五个师在五个登陆场登陆,部分登陆部队遭到德军的顽强抵抗,伤亡较重。直至夜晚,各登陆部队基本上夺取并巩

固了独立的登陆场。

在登陆舰艇登陆上岸的同时，盟军三个空降师：美军第八十二、第一〇一空降师和英军第六空降师，共1.7万人，分乘1200多架运输机和近千架滑翔机，空降在德军后方利唐坦半岛和卡昂东侧地区，占领了盟军登陆地带的翼侧，阻止德军的增援，保障盟军登陆部队上岸。

6月6日当天，盟军首批登陆部队分别从五个登陆场登上诺曼底海岸，并迅速地在登陆滩头建立登陆场，让后续部队及武器装备、军用物资源源不断地登上岸滩。已登上岸滩的登陆部队则迅速向两翼及纵深方向发展。到6月6日晚上，盟军已有五个师、13万人，搭乘4000多艘登陆舰船成功地登陆，并与空降部队会合，突破德军的"大西洋壁垒"防线，登陆部队迅速地向两翼和纵深方向发展，数以百万计的盟军以排山倒海之势向前挺进。

步兵登陆舰艇是用来运送陆军部队和技术兵器上陆的一种船舶。步兵登陆舰艇排水量大小不等，大的几百吨至上千吨的，称做登陆舰；小的几十吨，称做步兵登陆艇。步兵登陆舰排水量200吨~800吨，也有近千吨，舰速12~14节，可装载一个步兵连，多至一个步兵营。舰上装备有高射炮、大口径机关枪，为便于登陆兵迅速上陆，它的首部开有大门，人员、物资通过首部跳板上岸。一些步兵登陆舰上可停放少量坦克。步兵登陆艇排水量较小，只有100吨~200吨，少的几十吨。它只能在短距离上运送登陆部队和登陆器材上陆。

当盟军登陆部队源源不断地登上诺曼底海岸，德军才恍然大悟，盟军登陆地点不是加来，而是诺曼底。正在老家休假的前线司令官隆美尔匆匆返回前线司令部，希特勒从加来地区调派四个装甲师向诺曼底靠拢，围歼登陆的盟军。

德国空军从本土和意大利调集1000多架战机，从6月7日起，对盟军的舰船和登陆部队进行轰炸、扫射。德军的空中反扑使盟军遭受损失。两艘驱逐舰被炸沉，另有两艘驱逐舰和两艘扫雷舰触上水雷而失去战斗力，几十架轰炸机被击毁。

德国海军也组织了有力的反扑，从德海军基地派出的鱼雷艇，对盟军舰船进行了鱼雷攻击。结果，两艘英国运输船被鱼雷击沉，一艘英国驱逐舰也被鱼雷炸伤，失去战斗力。德国潜艇利用九枚人操鱼雷击沉两艘英国扫雷舰，击伤一艘英国巡洋舰。德国海军航空兵飞机用鱼雷击伤盟军的一艘巡洋舰和两艘驱逐舰。

德国陆军迅速调集部队向诺曼底靠拢，组织地面反击。在诺曼底西部的瑟堡地区，德军配备大量坦克、火炮，阻挡盟军进攻。

从6月7日至12日，经过六天激战，盟军在几十千米的正面上建立起了集团军规模的统一的登陆场。6月18日，美军登陆部队拦腰切断科唐坦半岛，阻止德军向瑟堡增援。6月22日，盟军登陆部队向瑟堡发起总攻。盟军西部舰队在空军掩护下，向瑟堡驶去。德军用瑟堡炮台重炮对盟军舰船轰击。盟军的巡洋舰用舰炮将瑟堡炮台打哑。

瑟堡地区还有一个"汉堡"炮台，盟军用重巡洋舰上的主炮，将"汉堡"炮台摧毁。摧毁瑟堡地区的岸上炮台，使盟军登陆部队顺利登陆。登陆部队占领了德军炮兵阵地，瑟堡的德军守备部队溃退了。6月26日，德国瑟堡守军投降。7月1日，整个科唐坦半岛被盟军所占领。

盟军在向诺曼底纵深地区进攻过程中，遇到德军顽强的抵抗，推进速度缓慢。艾森豪威尔启用了美军将领巴顿将军。七月初，巴顿将军率领一支装备精良的盟军装甲部队，像"一群猛狮"，猛打猛冲，层层推进，终于打破了僵局。巴顿的装甲部队在诺曼底纵深地区横冲直撞，德军的防线被冲垮了。

从7月13日起，盟军利用已占领的登陆场源源不断地输送增援部队，以扩大战果。德军虽顽强抵抗、疯狂反扑，但因兵力不足，无回天之力。7月18日，美军攻陷了德军的交通枢纽圣洛，从而将诺曼底地区的德国守军一分为二。盟军已夺取了一个正面宽150千米，纵深13~15千米的集团军群登陆场，在诺曼底地区扎下了根。至此，诺曼底战役宣告结束。

在历时43天的诺曼底登陆作战中，盟军伤亡达21万人，德军损失40万人，其中一半被俘。盟军付出了沉重代价，成功地在欧洲开辟了第二战场，为第二次世界大战最后胜利作出了贡献。

海洋战争

冰山作战与天号作战

1945年4月1日至7月2日，太平洋战场上发生最后一战——冲绳岛战役。日本法西斯疯狂反扑，美军以巨大代价夺取了冲绳岛，结束了太平洋战场上最后一次岛屿争夺战。美军以此为基础，对日本发起最后进攻。

1945年3月，美军攻占硫磺岛后，乘胜追击，下一个目标便是冲绳岛。

冲绳岛是日本在南太平洋群岛中最大的岛屿，它与庆良间列岛、伊江岛和其他小岛构成冲绳群岛。冲绳岛面积1256平方千米，人口46万人。冲绳岛战略位置重要，它与硫磺岛共

同构成日本本土南大门，是日本本土可靠的南部屏障，素有日本"国门"之称，一旦敌军占领该岛，便可"破门"而入，直取日本大本营。

美军在1944年底就提出了进攻冲绳岛计划，于1945年1月3日正式下达，作战计划规定：战役总指挥是斯普鲁恩斯上将；米彻尔指挥第55特混舰队，负责海空掩护；特纳中将任联合远征军司令，负责登陆作战全权指挥；巴克纳中将指挥登陆部队，负责冲绳地面作战，总兵力达30万人。

美军计划出动航空母舰33艘、战列舰32艘、巡洋舰26艘、驱逐舰83艘、其他作战舰船156艘、登陆舰船1000艘，舰船总计1320艘，舰载机总数2000多架。此外，英国太平洋舰队57特混编队也参加作战，有航空母舰四艘、战列舰两艘、巡洋舰五艘、驱逐舰15艘。美军把这项冲绳作战计划称为"冰山作战"，意为美军出动的兵力仅为冰山之顶，主力尚隐没在海面之下，待到日本本土作战时之用。

日本早已预料到美军要进攻冲绳岛。日本在菲律宾失败后，就把冲绳列为最重要的防御地区。日本大本营于1944年4月便将日本精锐的第三十二军配置在冲绳岛，司令官是牛岛满中将，他手下有两个师团、一个混成旅团和一支海军基地部队，总兵力11万。牛岛满把绝大部分兵力集中在冲绳南端两个大城市那坝和首里周围，建立强大的防御阵地。他采用的战术是：放弃滩头，让美军上岸，在冲绳岛纵深杀伤美军。

1945年3月20日，日本大本营在作战命令中指出，冲绳岛是为了防守日本本土而进行决战的焦点。同日，日本海军部发出"天号作战"命令，要集中并发挥航空兵战斗力，来消灭前来进攻的美军主力。日军的具体部署：海空作战以第一、第三、第五、第十航空舰队及第六航空军的主要兵力，总计约3000架作战飞机及驻冲绳岛日本陆军部队，作为抗登陆作战主力。日军决心破釜沉舟，在冲绳岛上与美军决死一战。

在冲绳岛战役打响前，美军进行了战役准备，为登陆作战扫清障碍。

3月18日，美军出动90余艘战舰、1400余架舰载飞机去袭击九州及日本本土南部地区。凌晨3时30分，米彻尔指挥的美国舰队在九州沿海被日军发现，193架日军战斗机急速升空，直扑美国舰队。此时，美军舰队的舰载飞机已驶离母舰，飞向日本九州地区，去攻击各自的目标。

日、美两支机群在航途中相互错过。当美军机群在袭击九州、四国等地日本机场，击毁日军战机时，日机编队对米彻尔率领的美军第五特混舰队的舰船进行了猛烈攻击。美军"企业号""勇猛号"和"约克城Ⅱ号"航空母舰受了伤。

3月19日，米彻尔舰队继续向北航行，同时出动大批舰载机深入濑户内海，追猎日军舰船。"天城号"等三艘航空母舰，"大和号"战列舰及其日军战舰也受到重创。这一天，美国舰队也受到日军战机的攻击。上午7时10分，正当"黄蜂号"航空母舰上一架架舰载飞机起飞时，有一架日军战机从云缝中钻出，对"黄蜂号"进行攻击，一枚炸弹在厨房里爆炸，把正在准备早餐的炊事员炸得血肉横飞。几分钟后，一架日军自杀飞机，撞在"黄蜂号"舷侧，发生大爆炸，死伤300余人。

就在"黄蜂号"航空母舰挨炸的同时，美军"富兰克林号"航空母舰也遭到一架从云层里钻出来的日机的突然袭击。两枚炸弹击中机库甲板，引起爆炸，800名舰员丧生。米彻尔慌了手脚，连忙派巡洋舰"圣太菲号"前来援救。经过两个多小时的奋力抢救，"富兰克林号"上的大火被扑灭，航空母舰得救了。

3月21日下午二时，美国舰艇上的雷达发现有50架日军战机从西北方向向美国舰队逼来。美军派出150架舰载飞机前去拦截。在日军机群中，有18架轰炸机机身下携带有新式炸弹——樱花弹，日军想用它来撞击美国战舰。但是，载有樱花弹的日军战机却成了美军"恶妇"式战斗机的靶子，日军战机纷纷被击落，美国舰队的舰船却安然无恙。

美军为实施冲绳作战计划，于3月26日对冲绳那坝市以西庆良间群岛发起攻击。美国陆军少将布鲁斯指挥的第七十七步兵师，对庆良间群岛的数个小岛发动进攻。日军守岛部队势单力薄，未能进行有效抵抗。美军步兵师连续攻占了庆良间群岛中的八个小岛。美军迅速在庆良间群岛上建立前进基地，支援冲绳岛战役。

就在庆良间岛登陆作战的同时，由战列舰、巡洋舰、驱逐舰、护卫舰组成的美国舰艇编队，驶近冲绳岛，进行登陆前的炮火准备。四万余发炮弹倾注到冲绳岛上。美国航空母舰舰载飞机共出动300架次进行猛烈轰炸。

"菊水特攻"是日本法西斯提出的一种敢死攻击战法。源于14世纪著名武士楠木正成的纹章"水上菊花"。楠木武士在众寡悬殊的战斗中，与敌同归于尽。日本法西斯提出的"菊水特攻"是以大批自杀飞机去进行"一机换一舰"的战斗行动，即用日本的自杀飞机去摧毁美国舰船，然后，守岛日军大举反攻，将美军赶入大海。

4月1日6时20分，冲绳岛战役开始了。舰炮在轰鸣，刺耳欲聋的爆炸声，撕碎了冲绳岛的宁静。接着，美军战机对冲绳岛登陆滩头进行了扫射和轰炸。冲绳岛在经受舰炮与飞机的交替轰击。岛上浓烟滚滚，火光冲天，整个岛在烈火中燃烧。

上午八时，美国的登陆部队出发了。在冲绳岛海面，美陆战第六师、第十一师、美步兵第七师、第九十六师乘坐的舰船，分为八个登陆波，列成方阵，向滩头冲去。8时32分，第一波抢滩成功。上午十时，冲绳岛上嘉手纳机场和读谷机场被美军占领。美军登陆作战十分顺利，几乎没有遇到日军的抵抗。

4月6日，日军全面开展"天号作战"。日本拿出自己的王牌军"菊水特攻队"，要对美国舰船进行"菊水特攻"。

17时30分，日军开始了"菊水一号特攻"作战。美国海军的雷达哨战舰"布希号"和"科尔杭号"首当其冲。"布希号"接连被两架日军自杀飞机撞着，舰体在爆炸中分离，很快沉没。"科尔杭号"被日军"菊水特攻队"的六架自杀飞机所包围，其中有四架自杀飞机冲击成功。"科尔杭号"的舰体被炸得遍体鳞伤，千疮百孔。一架自杀飞机引爆了"科尔杭号"的锅炉舱，大量海水涌入。最后，舰长只得忍痛令友舰将其击沉。

"菊水1号"特攻作战中，日军共出动335架自杀飞机和344架战斗机，对美国舰队的舰船进行猛烈攻击。美国的三艘驱逐舰、一艘坦克登陆舰和两艘军火船被击沉，十余艘舰船受到重创。

就在日军自杀飞机疯狂撞击美舰

时候，另一场震惊世界的日军"自杀舰队"出动了，由巨型战列舰"大和号"、巡洋舰"矢矧号"及八艘驱逐舰组成特攻舰队。这是日本联合舰队的最后一支海面战舰编队，也是日本联合舰队的最后疯狂。

4月7日晨，美军侦察机发现日军特攻舰队，立即派出280架战机，对日军舰队进行袭击。美军机群共进行八个攻击波的空中突击。在美军的强大海空兵力攻击下，六艘日军战舰被击沉。"大和号"战列舰被十枚鱼雷、五颗炸弹击中，甲板被炸得四分五裂，舰上的巨型炮塔被击毁，甲板上尸体相叠，血流成河，惨不忍睹。"特攻舰队"司令官伊藤见到大势已去，开枪自杀，结束了自己罪恶的一生。14时20分，"大和号"战列舰也无力再挣扎，沉没于海中。

4月14日至15日，日军"菊水特攻队"又进行了第二次"菊水特攻"，击沉美军各类战舰十余艘，日军损失战机298架。4月16日，日军又发动第三次"菊水特攻"，击沉、击伤美国战舰各一艘，而日军又有九架自杀飞机被美军击落。

从4月6日至6月21日，日军航空兵共发动十次"菊水特攻"，共出动战机3742架次，损失战机2258架。十次"菊水特攻"击沉美国战舰36艘，击伤368艘，击落美军舰载机763架。这是美国海军在太平洋战争中损失最惨重的一次战役。

就在冲绳岛海域美国特混舰队的舰船在与日军的"菊水特攻队"和"自杀舰队"在海空拼杀的同时，美军登陆部队和日军守备部队在冲绳岛上进行拼杀。

自从美军登上冲绳岛，登陆和抗登陆作战就紧张地开始了。经过两星期激战，4月14日，美军陆战师已将日军逼入冲绳岛北部地区。经过三天激战，4月16日，美军攻下八重岳，冲绳岛北部战斗宣告结束。

4月19日，美军对驻守在首里的日军进行了地毯式炮击。这是太平洋战争中最大一次的炮火攻击，共发射两万发炮弹。美军第二十四军的三个师发起了攻击。日军进行顽强抵抗，激战进行了五天，日军利用地下工事顽固死守，美军登陆部队束手无策，进展不大。

日军守岛部队虽然身陷绝境，但仍负隅顽抗。日军司令官牛岛满像一头被围的野兽，在做垂死挣扎，困兽犹斗。5月4日，牛岛满发动一次攻势，美军损失巨大。就这样，冲绳岛南部战场成了美军武器、装备、弹药、补给品消耗的无底洞，人员伤亡不计其数。

5月7日，美军发动大规模攻势，经两天激战，日军伤亡六万多人。牛岛满被迫率军后撤。牛岛满率军一路后撤，并准备进行最后的抵抗。5月27日，美军攻占了冲绳岛首府那坝，牛岛满的残余兵力撤退到冲绳岛最南端的珊瑚山。

6月10日，美军发动全线攻击。美军在那坝南方小禄半岛上遭到2000名日军的顽强抵抗。美军士兵逐洞与日军士兵进行争夺。日军士兵把手榴弹捆在腹部，跳出工事，钻入美军坦克底下，拉响手榴弹，与美军坦克同归于尽。对此，美陆战队第六师付出沉重代价，才占领小禄半岛。

6月18日，美军指挥地面作战的司令巴克纳中将在外出视察海军陆战队阵地，一颗日军炮弹刚好落在他身边爆炸，当场中弹身亡。

6月23日凌晨，牛岛满意识到死期已到，他给日本大本营发了告别电报，然后和他的参谋长一起剖腹自杀。在场的七名参谋人员也用手枪集体自杀。7月2日，美军完全占领冲绳岛，结束了历时三个月的冲绳岛战役。日军死亡10.5万人，被俘7400人；美军阵亡7613人，伤3.1万人。美军以沉重的代价夺取冲绳岛，敲响了日本法西斯灭亡的丧钟。

仁川登陆

1950年9月15日晨五时，天还没完全亮，正在朝鲜西海岸月尾岛执勤的朝鲜人民军突然发现周围密密麻麻停满了军舰，仔细一数，竟有19艘。哨兵见状，连忙向指挥员李大勋报告。李大勋拿起望远镜观察，看清在这些运输舰和登陆舰上猎猎飘动的星条旗，顿时明白了："是美国军舰，立即准备战斗。"话音未落，八架从护卫舰起飞的美军海盗式飞机已飞临上空，几乎同时，美舰"托列多号"的203毫米大炮向岛上开火，随着一阵阵"轰隆隆"的巨响，海盗式飞机的炸弹也从空而降，美国策划已久的仁川登陆行动拉开了帷幕。

原来，1950年6月25日，朝鲜内

战爆发，美国公然支持南朝鲜李承晚集团并操纵联合国安理会非法通过了武装干涉朝鲜内政的决议，组成联合国军侵略朝鲜。朝鲜人民军从6月25日至8月20日，连续发起汉城战役、水原战役、大田战役和洛东江战役，势如破竹地解放了南朝鲜90%以上的土地和92%以上的人口，把美、李伪军压缩到洛东江以东面积不足一万平方千米的釜山登陆场内。美、伪军眼看难逃覆灭厄运。

时任"联合国军总司令"的年届70的麦克阿瑟将军却突出奇招，力排众议，提出援兵不直接增援釜山，而在朝鲜西海岸的仁川登陆，断人民军后路，使其腹背受敌的设想。这个麦克阿瑟非等闲之辈，他早年毕业于美国西点军校，后来又回来当了西点的校长。二战末期他任太平洋西南战区总指挥，在率军南下时，采用"越岛攻击"的"蛙跳战术"，直捣日本老巢，当上了日本占领军的最高统帅。据欧洲著名记者斯特灵和西格拉弗夫妇新书《大和民族》披露，此人在日本时奉行美国当局包庇、纵容、扶持日本的政策，还私下与日本天皇达成交易，瓜分日本天皇从亚太各国掠夺的价值数十亿美元财宝，以换取保留天皇的称号。这麦克阿瑟名利双收后，又被美国总统杜鲁门看好，当上了派往朝鲜的"联合国军总司令"。麦克阿瑟生性桀骜不驯，作战时喜欢出其不意。八月中旬，他通告参谋长联席会议研究进攻仁川的计划，参谋长们产生了两种意见。参谋长联席会议主席布雷德利五星上将不同意这一方案，而想将登陆点选择在更南边的群山港。大部分参谋人员也对进攻仁川能否成功没有信心。

仁川港位于朝鲜半岛西海岸，距汉城约40千米。仁川的地理环境很不利于登陆作战。它的前面是一片岛屿、泥滩和浅滩，可以接近海岸的航道只有狭窄、曲折的飞鱼峡，飞鱼峡适于布雷。一条舰只要在这条水道里碰上水雷或挨了炸弹瘫痪后就会拦腰将舰队首尾截断。仁川港外的月尾岛易守难攻，进攻仁川的所有舰船必须经过月尾岛。仁川的潮差很大，世界第二，平均潮差6.3米，大潮时十米以上，落潮时，海岸向外延伸3200米，因平时海滩的泥滩稀软，人无法行走，只能在满潮时海水将泥滩覆盖才有利于登陆，这样的时间只有9月

15日、10月11日、12月2日，麦克阿瑟选择了9月15日，这一天的日出和日落时分有两次高潮。

8月23日下午，作战会议在东京第一大厦召开，麦克阿瑟一言不发地静听着一位军官的发言，他们都指出，仁川登陆是不可能的。麦克阿瑟最后站起来，以30分钟雄辩的独白赢得了各有关方面的勉强同意。他说，选择仁川的原因之一恰恰是它的不利条件。北朝鲜人绝不会想象到有人竟如此大胆选择这里作为登陆点，因此，突袭部队将有非常宝贵的突袭条件。他列举了1759年夺取魁北克的战例，当时沃尔夫选择的就是"根本不能登陆"的富隆湾。从这个不显眼的突破点，沃尔夫的部队攀登上了悬崖，于黎明时分出现在亚布拉罕平原，惊慌失措的蒙卡尔姆侯爵竟然放弃城墙的屏护，带着部队冲向平原，结果在那里很快就被打败了。

麦克阿瑟说服了他的同僚和下属，代号为"烙铁行动"的登陆作战方案被批准了，战争机器按照麦克阿瑟部署的轨道疯狂地运转起来，十多万美军官兵被匆忙组建的国际舰队的230艘军舰秘密运送到登陆点，美国军舰和飞机轰炸了仁川的军事设施，为制造假象，美国人还攻击了其他一些地方。但隔着鸭绿江密切注视朝鲜战场变化的中国领导人洞晓了美国人的阴谋。早在8月23日，中国军方就提出美军仁川登陆的可能性。中国人不会忘记，半个世纪前的甲午战争中，日本人就是携着火炮从仁川登陆侵入朝鲜燃起战火的。八月下旬，中国领导人毛泽东指着地图上朝鲜西海岸的三个港口，其中一个是仁川港，用浓厚的湖南口音对朝鲜到中国介绍情况的代表李相朝说，要防止美军从海上迂回到人民军背后，从这几个地点登陆。他叮嘱说，请你马上回国，告诉金日成同志要赶快部署防止美军登陆的措施。遗憾的是，朝鲜领导人还沉浸在前几次战役胜利的喜悦中。金日成急于完成统一祖国的大业，对中国方面的提醒未引起重视，对美军可能的登陆行动，不仅没有采取必要防御措施，反而还倾全力，发动了"毕其功为一役"的釜山战役，即第五次战役。

战争胜利的天平总是倾向有准备的一方。9月15日晨6时15分，美军三艘中型火箭登陆艇靠近月尾岛海岸并展开15分钟的射击,当天发射火箭6421发。6时30分,登陆艇靠岸,十分钟后,装载坦克的登陆支援艇到达。月尾岛守军约400人,仅一个加强营和一个海岸炮兵连,对潮水般涌来的美国大兵,他们进行最后的抗争,大炮炮身烧热弯曲了,有的被敌人炮弹打断了,战士们跃出战壕同美国兵展开了激烈的白刃战,上午十时,月尾岛上响起了英雄们的最后一次冲锋声。对部分在坑道里坚持战斗的人民军,美军竟使用了在第二次世界大战中对付日本人的残暴手段,有的用坦克推土机堵塞坑道的入口予以活埋,有的用喷火坦克对准洞口先注入燃烧剂,再点火燃烧。当天上午,美军以损失17人的代价占领月尾岛,而人民军守军除被俘136人外,全部牺牲。

美军占领月尾岛后,因落潮,军舰只有退到外海,岛上仅部署了第三营防御。此时,仁川和汉城还在人民军手中,人民军如能组织有力的反攻,鹿死谁手还未可知。但人民军再次失去了这次战机。军史学家分析说,如果在战役准备时,人民军加强仁川的防御兵力和措施,在狭窄的飞鱼航道上沉船堵塞或布上水雷,美国舰船就无法顺利进入仁川了。没有这样做,是人民军的第一个失误。而当美军上午登上月尾岛,因落潮后续部队到黄昏才能补充,人民军没有利用这八九个小时的时间组织反攻夺回月尾岛,更是贻误战机,铸成大错。

这一点,美国人自己倒是意识到了。15日的整个白天,美国人都是在忐忑不安中度过的。美军一位参谋说:"从来没有感到时间像现在这样地过得慢。"为了给自己壮胆,美航空兵每隔一个半小时就起飞20架飞机对人民军阵地狂轰滥炸。下午5时33分,美国人望眼欲穿的潮水终于涨上来了,大规模的登陆开始,由23艘车辆人员登陆艇和履带登陆车辆编成的第一波接近海岸,人民军虽然进行了坚决抵抗,但防线终被突破,美军一个陆战团从仁川以南登陆并向联结仁川和汉城的铁路急进。另一个陆战团乘坐登陆艇接近内港北部的工业区。美军舰队和飞机集中火力摧毁这个地区,到处是升腾的浓烟和烈火。当美军的登陆艇碰上仁川港的防波堤时,陆战队员们竖起简易云梯攀越过去。步兵过后，正是高潮时分，八艘坦克登陆舰齐头并进，一齐驶抵防波大堤。此时，这道海堤已经残缺不全了，登陆的推土机又推倒了残存的部分海堤，使坦克和其他的辎重有足够的登陆场。仁川港成了血与火的海洋，到处是激烈的枪炮声，经过一夜鏖战，人民军于16日清晨退出仁川市区，但于上午又发起过一次反攻，没有成功。美军占领了仁川，踌躇满志的麦克阿瑟得意地宣布："今天早晨，海军和陆战队展示了前所未有的显赫。"9月17日，美军陆战队夺取了朝鲜最大的机场——金浦机场并向汉城进攻。18日，第七步兵师在仁川登陆，向南推进。26日，美军占领汉城。这时，朝鲜战场整个形势逆转，攻下汉城的美军使围困釜山环形防御圈的朝鲜人民军后路被切断，任何补给和增援的希望都化为泡影，人民军处于无法坚持的境地。出奇制胜的麦克阿瑟站在了他戎马生涯的巅峰，这位狂妄的美国将军马上又犯了一个致命的错误，扩大战争，将战火烧到了鸭绿江边，严重威胁新中国的安全，中国人民被迫发起抗美援朝，保家卫国运动。10月25日，中国人民志愿军雄赳赳，气昂昂跨过鸭绿江，投入抗击美国侵略的斗争，经过两年九个月的浴血奋战，终于迫使美国人在停战协定上签了字。而那个狂妄的麦克阿瑟早在1951年就因与美国总统杜鲁门在朝鲜战场上的意见不同而被解职，结束了他的军旅生涯。但他在解除职务时在美国国会山众议院大厅发表的电视讲话中引用的"老兵们永远不会死，他们只是慢慢地消逝"的歌词却成为人们引用的名言，一直到他逝世35年后的1999年为他写传记时，仍是用"老兵们永远不会死"作醒目标题。

南海西沙自卫反击战

1974年1月西沙之战，是中国海军同南越西贡当局军队在西沙群岛及其海面进行的一次战斗。参加战斗的有广东省南渔402号、407号轮和驻岛民兵，有海军南海舰队和海南军区有关部队。这是中国海军第一次协同陆军同外国侵略者在海上作战。这次战斗共击沉敌舰一艘、击伤三艘，打退了敌人对琛航、广金两岛的进攻，收复了甘泉、珊瑚、金银三岛，全歼了来犯之敌。

西沙群岛由23个岛屿、四个礁环组成，总面积约8平方千米。它地处南海海面和空中交通的要冲。西沙群岛中有个永兴岛，面积最大，约1.85平方千米。它既是西沙群岛的主岛，又是西沙群岛、中沙群岛、南沙群岛县政府的所在地。在西沙群岛的不少岛屿上，蕴藏着丰富的磷矿（鸟粪层），是很好的天然肥料，也是制造

咖啡因等药物的重要原料。西沙群岛海域，又是我国优良渔场之一，盛产红鱼、鲷、鲨鱼、玳瑁、海参、海贝和麒麟菜等。因此，西沙群岛在政治上、经济上和军事上，都具有重要地位。

西沙群岛的重要地位，历来为帝国主义所垂涎。历史上，法、日帝国主义侵略军曾占领蹂躏过它。1956年，南越西贡当局蛮横地侵占了西沙群岛中的珊瑚岛；1973年9月，南越又公然宣布将中国的神圣领土南沙群岛中的南威、太平等十多个岛屿划归其福绥省管辖，妄图逐步并吞中国的西沙、南沙群岛。1974年1月，南越西贡当局悍然出动军舰、飞机，侵犯西沙群岛领海、领空，强占了甘泉和金银等岛屿。1974年1月，一场严惩西贡强盗的西沙自卫反击战终于爆发。

1974年1月18日上午，广阔的西沙海面涌浪翻滚，空中云雾遮天。南越海军的16号和四号驱逐舰，气势汹汹地从东西两面朝407号渔轮包抄过来。冲在前边的是16号舰。当驶近407号渔轮时，一个拿着高音喇叭筒、伸长脖子的家伙，用半生不熟的中国话喊叫，要中国渔轮离开永乐群岛海域。407号渔轮船长杨贵，怀着满腔怒火挺立在船头，手指敌舰斥责侵略者："这是我国的领海，我们一向在这里生产，你们无权干涉。你们必须马上滚开！"16号舰上那个喊话的家伙，自感理亏心虚，无言以对，竟命令伪军转动机枪和大炮，瞄准中国渔轮。随后，又站出一个秃脑袋的军官，龇牙咧嘴地指着身边的美式大炮，翘了翘大拇指，接着又指了指中国的渔轮，伸了伸小手指，随着"嗵、嗵"几声怪叫，用手做了一个渔船下沉的动作。见此丑态，中国渔民个个火冒三丈。杨贵轻蔑地对伪军官说："走狗从主子那里乞来几根烂骨头，也来神气地乱吠一通，真不知羞耻！"说罢，他双手抓住上衣，左右一分，"哗"的一声扯开了衣扣，挥手拍着紫铜色的胸膛，大吼一声："有胆的照这里打！中国人民是不怕死的！"接着，另一个渔民用手指着不远处露出水面的鲨鱼，也大声喊道："你们胆敢开第一枪，就叫你们喂鲨鱼！"南越军官见吓不倒中国渔民，只好溜走了。

然而，他们并没有善罢甘休。

南越海军16号舰刚离开，在附近观阵的南越海军四号舰突然高速朝着中国407号渔轮横撞过来。407号渔轮连忙规避，可是已经来不及了，只听"哗啦"一声，渔轮的左舷被撞坏了，紧接着，四号舰带过来的一排巨浪也扑上了渔轮。与此同时，杨贵发现四号舰的铁锚已死死钩住了渔轮的驾驶台门窗，他一个箭步飞身跃到驾驶楼的外台上，冒着摔进大海和遭到铁锚砸死的危险，拼出全力推开铁锚，但船上的照明灯、航行灯和左舷网板架已被敌舰的锚钩拉坏了。渔民们更加愤怒了，他们有的拿起竹竿，有的握紧木棍，有的抄起渔叉，准备跳上敌舰拼个你死我活。敌四号舰做贼心虚，挂起"操纵失灵"的旗号溜了。

然而，它并没有走远。在附近海面兜了一圈后，又伙同另外两艘军舰，凶狠地朝中国渔轮冲过来。在这十分危急的关头，担任巡逻护渔任务的中国人民海军的四艘舰艇赶到了。正准备行凶的南越海军见了，立时收住了凶相，装模作样地发出了询问信号。中国海军编队立即发出旗语："我是中华人民共和国海军，在我国领海进行正常巡逻。"接着又发出警告信号："西沙群岛自古以来就是中国的领土，决不容许任何人侵犯！你们炮击我海岛，撞坏我渔轮，向你们提出严重抗议！"南越海军见势不妙，赶忙逃离了甘泉岛附近海面。

19日凌晨，南越军舰又趁着黎明前的黑暗，偷偷地驶向西沙群岛中的琛航和广金两岛。靠近岛屿时，他们放下橡皮舟，载着荷枪实弹的士兵，妄图偷袭占领两岛。中国民兵早已在岛上做好了迎战的准备，南越士兵刚一登岸，就被收缴了武器，赶了回去。

恼羞成怒的南越海军集结了四艘战舰，决定孤注一掷，同中国担任巡逻护渔任务的海军舰艇直接进行较量，西沙海战已迫在眉睫了。

19日上午，激烈的海战终于打响了。参加海战的南越海军的四艘军舰是：2800吨的16号（又称"李常杰号"）和五号（又称"陈平重号"）驱逐舰，1850吨的四号（又称"陈庆余号"）驱逐舰，945吨的十号（又称"怒涛号"）护航舰。最初参加海战的中国海军也是四艘舰艇，即655吨的389号和396号扫雷舰，337吨的271号和274号猎潜艇。四艘舰艇分为271

猎潜艇编队和396扫雷舰编队。南越海军的一艘驱逐舰就相当于中国海军四艘舰艇吨位的总和，武器装备也远远强于中国海军舰艇，然而，海战的结局却是南越当局所始料不及的。

10点22分，南越四艘军舰同时向中国海军编队开火。中国海军编队海上指挥所果断地发出还击的命令。随之，271编队指挥员下令："各艇找最近的打！"396编队指挥员下令："打，狠狠地打！"霎时间，早已上了膛的炮弹立即从四艘舰艇的数十支炮管中飞向敌舰。永乐群岛海面腾起了浓浓硝烟，响起震耳欲聋的炮声。

396编队把主攻目标指向南越海军的16号舰，经过一阵猛烈炮击后，因双方相对运动，敌16号舰暂时脱离战斗。于是396编队转攻靠近的南越海军十号舰。战斗中，389号舰在舰长肖德万指挥下，打得十分英勇顽强。炮长刘占云在密集弹雨中沉着指挥；标尺手欧思文根据弹着点迅速而准确地修定标尺距离；才上舰几个月的瞄准手王尧林、黄德胜，透过浓烈的硝烟，死死咬住敌舰；装弹手杨保和搬起炮弹十分麻利地推上炮膛。正在打得起劲的时候，火炮突然出现了故障，炮弹卡壳。炮弹击发不过火，按射击规定要过30秒钟才能退弹，不然，就有爆炸的可能。但此时此刻，时间比金子还要贵重。非同寻常的30秒钟，它可以喷射七八发炮弹，会给敌人造成重大杀伤；反之，停射30秒钟，就有可能失掉有利的歼敌战机，甚至造成自己的重大损失，不能等，一秒钟也不能等！瞪圆虎眼的炮长刘占云，喊了一声："闪开！"冒着生命危险打开炮闩，奋力拉出卡在炮膛的炮弹，顺手扔进了大海。好险，旁观的水兵将吊起的心放了下来。排除了故障，水兵们更加起劲地操起主炮，瞄准敌舰狠狠地打。南越十号舰指挥台连续挨了四发炮弹，炸得甲板上的伪军随着救生圈和装备碎片纷纷飞上了天。

此时，396号舰也在有利的阵位上，咬住敌十号舰发炮狠揍。两舰密切配合，越打越勇。舰长肖德万机智地指挥389号舰边打边高速冲向敌十号舰，在靠近敌舰数十米距离时，389号舰的指战员觉得使用轻火器发挥作用会更大，于是，舰上的机关枪、冲锋枪一齐向敌舰打去，子弹似雨点般密集。在靠近敌舰更近些的时候，副舰长崔瑞勋抓起一颗手榴弹，拉开导火索，高喊："用手榴弹打！"朝着敌舰甩了过去。顷刻，几十枚手榴弹接连在敌舰甲板上开了花。炸得敌十号舰上的南越敌军死的死，伤的伤，一片哭爹喊娘声。在20世纪70年代的舰对舰海战中，使用手榴弹的战例实为罕见。不知是越军被打得失去了判断能力，还是故意夸大其词以掩盖败绩，战后西贡当局的新闻发布官，竟然把这些手榴弹宣布为中国军队在西沙海战中发射了"冥河式导弹"。

海战进行了半个多小时，南越海军的十号舰就在中国军舰的沉重打击下，丧失了战斗能力。此时，向外海溜出不远的敌16号舰，见中国海军389号舰的舵面起火，认为有机可乘，就转舵偷偷地向389号舰冲过来。站在指挥台上的389号舰舰长肖德万勇猛顽强，操纵着已多处负伤的战舰对着敌舰冲去，舰上主炮也朝16号舰开了火。可刚刚打出几发炮弹，射击就停止了。原来，炮弹打光了。见此危情，396号舰飞速增援，密集的炮火随即朝重16号敌舰盖去。389号舰见兄弟舰赶来援助，也充分利用副炮和轻机枪的威力，朝敌舰猛烈射击。只一会儿工夫，敌16号舰便腾起了烈火浓烟，慌忙掉转船头，仓皇逃向了外海。

274号艇的攻击目标是南越海军的四号舰。为了充分发挥自己小口径火炮的威力，一开始，艇长李福祥就指挥舰艇高速前进，朝敌舰的鼻子底下冲击。敌舰在274号艇的猛打猛冲下，接连中弹。甲板上，有不少越军身穿红色救生衣，抱着救生圈跳海逃命。"打得好！打得好！"艇长李福祥连连为炮手们的准确射击叫好。可是，274号艇自己也被敌人的炮火击中了，艇舵突然失灵。这时，另一艘敌舰趁机从前方右侧扑来。怎么办？如果任凭失控的舰艇继续朝前猛冲，就会越过敌舰，不但难以发挥火力，而且还有遭到两艘敌舰夹击的危险。就在这十分紧急的关头，艇长李福祥毅然下达了"全速退车"的命令。这是一种破坏性使用主机的非常措施。274号艇似一匹突然被勒住缰绳的惊马，停止了狂奔，而后又呼啸着向后急退。在这退车的过程中，274号艇主炮班长王俊明，副炮班长刘天福、王正炳，抓住这一有利的射击时机，指挥火炮朝着迎面冲来的敌舰连连发炮。南越海军的四号舰支持不住,赶忙夺路而逃。

"转移目标,打五号敌舰!"打退敌四号舰后,274号艇艇长李福祥又发出新的战斗口令。他的话音刚落,运弹手就穿梭般地把炮弹运上炮盘,装填手飞快地向炮膛装填炮弹,瞄准手急速转动手轮,定向、定位、定距离,紧紧咬住五号敌舰,猛轰不止。激战中,装填手李如意觉得浑身有着使不完的劲。平时,他举五六十发炮弹就感到很累了,可今天八个人给他一人运弹,他竟举着几十斤重的炮弹,一连装填了近200发。炊事员余学祥,战斗打响前刚把炸好的油饼送到各战位。此时,他忘记了疲劳,又主动跑到后甲板给副炮运弹。因甲板上有油易滑倒,他就把弹药箱放在甲板上,沿着雷轨爬着朝前推,就这样,爬一步,推一下,再爬一步,再推一下,及时将一箱箱炮弹运到后炮。在274号艇的轰击下,敌五号舰的后主炮很快成了哑巴,甲板上的越军死伤大半,很快慌作了一团……19日中午,正当南越海军的四艘军舰被中国海军的四艘舰艇打得失魂落魄、

分别朝着不同的方向拼命逃窜的时候,中国海军的281号、282号猎潜艇奉命赶到了战区。11点49分,海上指挥所给新到的战艇下达了"追歼敌人,击沉敌十号舰"的命令。281号和282号战艇马上劈浪出击,直朝已被打得摇摇晃晃的南越海军十号舰追去。281号艇奋勇当先,迅速冲到敌舰主炮射击的死角,占领了有利的攻击阵位。当距离敌舰只有500米远的时候,编队指挥员一声"打"的命令,艇上十条炮管同时喷出一串串炮弹,直泻敌十号舰。南越十号舰很快被打瘫痪了,指挥台变成了"马蜂窝",不久,油仓也在"轰"的一声爆炸声中,裂开了一个大口子,随之,海水朝里猛灌。下午2点52分,侵入中国领海逞凶的南越海军十号("怒涛号")舰,终于被大海的怒涛吞没了。

至此,西沙海战,以南越海军的惨败而告结束。海战后,中国人民海军舰艇部队,又紧密配合陆军和民兵,收复了被南越军队强占的甘泉、珊瑚、金银三岛,俘获越军数十名。使西沙群岛中的每一个岛屿,都飘扬着鲜艳的中华人民共和国国旗。

探寻海洋的秘密丛书

英阿马岛海战

发生于1982年，历时74天的马岛海战，是第二次世界大战以后最大规模的一次海战。交战双方都动用相当数量的陆、海、空军部队和先进的武器装备。阿根廷海军用法国制造的"飞鱼"导弹，击沉英国的导弹驱逐舰，还攻击了英国的航空母舰；英国海军用核潜艇上的线导鱼雷击沉阿根廷的巡洋舰。最后，英国进行两栖攻击战，把英军登陆部队送上马岛，阿根廷守岛部队被迫投降，宣告马岛海战结束。马岛海战作为一次现代化海战，在军事领域产生了重大影响，它是高科技海战的一次预演。

马岛争端由来已久。阿根廷和英国就马岛主权归属的争论一直悬而未决。1982年2月，英、阿双方谈判破裂，英阿关系日趋紧张，阿根廷决定采取军事行动来结束英国对马岛的武力统治，解决争端。

1982年3月19日，阿根廷一家公司60余人，乘坐海军运输船登上南乔治亚岛，并在岛上升起阿根廷国旗。英国政府非常恼火，照会阿根廷政府，表示强烈抗议。此后，英、阿双方不断在马岛发生冲突。

3月28日，阿根廷政府决定出兵占领马岛。4月2日，阿根廷海军派出由航空母舰、驱逐舰、护卫舰、登陆舰、潜艇等40余艘战斗舰艇和20余艘其他舰船，组成六支特混舰队，运载4000余名两栖突击队员登上马岛。岛上200余名英国士兵举手投降。阿根廷轻而易举地攻占了马尔维纳斯群岛，全国上下一片欢腾。

消息传到英国，有"铁腕女人"之称的英国首相撒切尔夫人在4月2日当天，召开内阁会议，宣布断绝与阿根廷的外交关系，并决定派出一支强大的海军特混舰队，进军马尔维纳斯群岛，收复失地。

英国进行紧急出征准备，成立了联合作战司令部，英海军总司令菲尔德豪斯上将为联合作战总指挥。英国海军组成一支特混舰队，由40余艘舰船组成，有航空母舰"竞技神号""无敌号"，三艘大型导弹驱逐舰，六艘驱逐舰，19艘护卫舰，两艘两栖突击舰，四艘核动力攻击型潜艇，六艘登陆舰，及载运4000名陆战队员运输船。这支英国特混舰队总指挥是伍德沃德少将。

英国特混舰队的舰船一边行进，一边操演。4月17日，英国特混舰队抵达大西洋中部的阿森松岛，进行短期休整。4月19日，特混舰队又起航驶向南大西洋。

阿根廷海军得知英国特混舰队已出动，将全部军舰重新组成第七十九特混舰队，加紧备战，准备与英军舰队决一死战。英、阿两国都准备用武力解决争端，英阿马岛之战一触即发。4月25日清晨，英国的一架侦察机在格里特维肯港外发现阿根廷潜艇"圣菲号"正停泊在港外待修。英国特混舰队得知情报后，从"无敌号"航空母舰上起飞两架"海王"反潜直升机，向"圣菲号"潜艇发射反潜火箭。"圣菲号"赶紧下潜，由于港口海水太浅，潜艇一头扎进海底泥沙，尾部露出海面。"海王"直升机不肯罢休，又是机枪扫射，又是发射火箭。"圣菲号"潜艇艇体被击穿，燃料外泄，通信中断。

"海王"直升机重创阿根廷"圣菲号"潜艇，打响了英阿马岛海战前哨战。4月25日，英国"埃克塞特号"驱逐舰抵达南乔治亚岛，用舰炮轰击岛上的阿根廷阵地。其后，英军陆战队100余人乘载武装直升机，在南乔治亚岛上登陆。英军陆战队员在舰炮和直升机火力支援下，向守岛的阿根廷军队发起攻击。守岛部队弹药耗尽，100名官兵全部投降，英军占领了南乔治亚岛。

英军占领南乔治亚岛后，英国特混舰队继续向马岛方向行进。4月30日，英国海军完成了对马岛周围200海里的海面和空中封锁，正式宣布对马岛海域的全面封锁。

1982年5月1日，英军开始轰炸马岛。英国的"火神"式战略轰炸机、"海鹞"式舰载攻击机，轮番地对马岛上的军事目标进行轰炸。英国军舰上的舰炮也对马岛上目标进行猛烈炮火攻击。

阿根廷出动空军战机，苏制A-4攻击机、法制"幻影"战斗机，对英国海军舰船进行攻击。但是，英国舰船上装有"海标枪""海狼"舰对空导弹，命中精度高，一架阿根廷战机被击毁。

5月2日，英国"征服者"核潜艇发现阿根廷巡洋舰"贝尔格拉诺将军号"，"征服者"核潜艇进行鱼雷攻击。两枚"虎鱼"鱼雷命中目标。阿根廷巡洋舰舰体严重破损，沉入海中，300名舰员丧生。

阿根廷海军与英国海军进行了较量，自知不是英国海军的对手，便撤回本国基地。在阿根廷舰船撤退过程中，英国武装直升机大打出手，不断追击阿根廷军舰。两艘阿根廷巡逻舰在撤退过程中被击毁。

5月4日，南大西洋遇见一个难得的好天气，天空一片湛蓝，海面风平浪静。阿根廷的一架侦察机在马岛西北方向的36号海区，发现有两艘英国军舰在活动，一大一小。阿根廷海军得到情报后，从唯一的一艘航空母舰"5月25日号"上起飞两架"超级军旗"式战斗攻击机。

在36号海区游弋的是英国的"谢菲尔德号"导弹驱逐舰和"普利茅斯号"护卫舰。

两架阿根廷的"超级军旗"战机在距英国军舰80千米时，关闭机载雷达，将飞机控制在距海面约20米高度上，几乎在浪尖上穿行。在距英国战舰46千米距离时，两架阿根廷战机双双拉起机头，上升至150米高度时改为平飞。到达攻击阵位，阿根廷战机打开了机载雷达，在雷达荧光屏上看到英国舰队两艘军舰。阿根廷驾驶员不失时机地按下了导弹发射电钮。只见红光一闪，两枚"飞鱼"导弹如箭出弦，向着两艘英国军舰飞去。

"普利茅斯号"护卫舰上的雷

达在22海里处，发现了阿根廷战机从低空袭来，并在导弹到达前40秒钟开始发射大量的金属箔条火箭弹，同时打开干扰机对"飞鱼"导弹的制导雷达实施电子干扰，使得飞向"普利茅斯号"护卫舰的"飞鱼"导弹偏离目标，沉入大海。

"飞鱼"导弹击中"谢菲尔德号"要害部位，大火越烧越旺，抢救已无济于事。索尔特舰长下令弃舰。"谢菲尔德号"在烈火中挣扎，一直坚持到5月10日，火焰引爆舰上弹药库，在一连串爆炸声中，这艘新型导弹驱逐舰从海面上消失。

"谢菲尔德号"被"飞鱼"导弹击沉，引起世界震惊。英国急于报复，该国特混舰队仔细地筹划着占领马岛的计划。5月9日，英国舰艇、飞机对斯坦利港和达尔文港的阿军机场和阵地展开猛烈的炮击和轰炸。阿军的大部分防御工事被摧毁。从英国的"考文垂号"驱逐舰上发射的导弹击落了一架阿军直升机；从"竞技神号"航空母舰上起飞的"海鹞"式飞机击沉了阿军的侦察渔船"一角鲸号"。

5月14日，英国陆军突击队七个行动组搭乘武装直升机登上佩布尔岛。在舰炮掩护下，袭击岛上的机场、军火库、雷达站。到5月20日，英军击落阿机25架，击沉、击伤阿军舰船九艘，基本上切断了阿根廷大陆与马岛之间的运输线，达到了封锁目的，还运来大批登陆部队、武器和物资。抵达马岛海区的英国舰船已达110多艘，英军进行马岛登陆作战条件已经成熟。

5月21日，英军对马岛登陆作战正式开始。17时30分，英国特混舰队的三艘两栖突击舰、六艘登陆舰、一艘运兵船、一艘滚装船，在航空母舰"无敌号"及六艘驱逐舰和护卫舰护卫下，向马岛圣卡洛斯地区进发。5月22日凌晨，英国海军陆战旅先遣队1000人，换乘直升机、登陆艇、橡皮舟，同时在圣卡洛斯登陆，迅速抢占了港口和附近制高点，到下午14时，英军已建立25平方千米滩头阵地。随后，英国海军陆战旅主力、陆军伞兵营、野战炮兵团、坦克中队、防空导弹分队先后登陆。

英军登陆当天，阿海、空军集中兵力对英国军舰及登陆舰船进行持续不断的猛烈轰击，击沉了英军护卫舰"热心号"，还击伤其他英舰四艘，击落英军战机三架。至5月24日，击沉击伤英国舰船增至八艘。但阿军也损失十多架战机。

5月30日，阿军发现了英国航空母舰"无敌号"的确切位置。阿根廷海、空军联合组建一支攻击机群，空军派出四架A-4攻击机组成"热风"中队，从阿根廷本土起飞；海军从"5月25日号"航空母舰上起飞两架"超级军旗"战机组成"翅膀"中队。"翅膀"中队战机在前，"热风"中队战机在后。

"翅膀"中队的长机发现"无敌号"，发射了"飞鱼"导弹。"热风"中队的四架空军战机飞到目标上空，看到英国舰队中一艘大舰浓烟滚滚，决定用机上炸弹对目标发起第二次攻击。一号机首先进行投弹攻击，在"无敌号"附近的一艘护卫舰发射了"海标枪"对空导弹，一枚导弹命中一号机。"轰"的一声，一号机化成一团火球，坠入海中。就在此时，"热风"中队中的二号机也被英国的一艘导弹驱逐舰发射的导弹命中，坠入大海。

"无敌号"航空母舰是英国"无敌"级航空母舰的首制舰，1973年7月开工，1980年7月服役，是一艘轻型航空母舰。它的标准排水量19500吨，满载排水量20600吨，总长209.1米，总宽36米，吃水八米。舰上飞行甲板长167.8米，宽13.5米，舰上装有四台燃气轮机，总功率71442千瓦，航速28节，在航速19节时续航力7000海里。舰员685人。舰上携载九架"海鹞"式战斗机，九架"海王"式反潜直升机，三架"海王"式预警直升机。舰上装有双联装"海标枪"对空导弹发射装置，携载导弹36枚，还装有三座六管20毫米"火神密集阵"舰炮，三座七管70毫米"守门员"近防炮，两座20毫米防空炮。此外，舰上还装备有电子战对抗设备，有干扰物投放器和电子干扰机等。

阿空军的"热风中队"只剩下三号、四号机。三号机从低空冲向"无敌号"航空母舰，投下七枚炸弹，三枚炸弹在"无敌号"甲板上爆炸。四号机也进行投弹攻击，七枚炸弹无一命中。这场海空激战进行了三个多小时。

6月11日，英军向阿根廷阵地发起总攻，经过三天激战，守岛阿军弹尽粮绝，11000余名阿军官兵向英军投降，宣告英阿马岛海战结束。